NACHTS IM DINOPARK

Escape-
Rätsel

Dudenverlag
Berlin

**E**IN HEIßER SOMMERFERIENTAG geht in den nächsten über. Du willst ja nicht meckern, aber langsam könnte mal was passieren. Was? Egal, Hauptsache, es ist etwas los. Deinen Freunden, den Geschwistern Shirley und John H., geht es genauso. Shirley hat als Letzte von euch dreien die Hoffnung noch nicht aufgegeben, dass ihr Neues von Z Junior hört. Der Nachfahre des berüchtigten Verbrechergenies Mister Z hat doch sonst immer ein Abenteuer für euch parat. Doch dieses Mal: nichts! Seit mehr als zwei Monaten keine Nachricht. Immer wieder habt ihr darüber gegrübelt, wer dieser Z Junior ist. Wie sieht er aus? Wie alt ist er? Oder ist es vielleicht eine Sie? Euch fehlen die Anhaltspunkte. Vielleicht ist es aber auch zu heiß zum Grübeln. Ihr habt euch in den Schatten einer Weide an den kleinen Bach gesetzt, der durch den Garten von Shirleys und John H.s Eltern fließt.

Im Wasser könnt ihr zumindest eure Füße kühlen. Du lässt den Blick schweifen. Er bleibt am Ufer gegenüber hängen. Durch ein paar größere Steine hat sich eine Art Staudamm gebildet und ein kleiner Strudel ist entstanden. Zweige drehen sich darin im Kreis. Und da ist noch etwas. Du stehst auf und watest vorsichtig durchs Wasser. „Was hast du vor?", will Shirley wissen. Du bückst dich und ziehst ein kleines Holzboot zwischen den Zweigen hervor.

Ein Holzboot mit Passagier. Du gehst zu Shirley und John H. zurück und zeigst ihnen deinen Fund. „Ein Plastikdino in einem Holzboot. Gehört bestimmt einem der Nachbarskinder. Die spielen immer hier am Bach." Für John H. hat sich die Sache damit erledigt. Aber Shirley ist neugieriger. Sie nimmt die Figur und zieht dann hörbar die Luft ein. Jetzt seht ihr es auch. Auf der Unterseite des Dinos hat jemand einen Totenschädel mit zwei gekreuzten Knochen gemalt. Ein Schauer läuft dir über den Rücken. Shirley und John H. können sich ein Grinsen nicht verkneifen. „Endlich", seufzt du.

Als nachts dein Smartphone aufleuchtet, weißt du, was zu tun ist. Deine Kleider liegen parat, dein Rucksack auch. Du schwingst dich auf dein Rad und fährst zu den angegebenen Koordinaten.
Vor einem Tor aus Metallstäben warten Shirley und John H. auf dich. Natürlich ist auch ihre Ratte Shadow dabei. Du siehst dich um.
Hinter dem Tor geht es über eine Fußgängerbrücke. Sie spannt sich in einem hohen Bogen über schwarzes Wasser und führt auf eine Insel. Viel kann man von der Insel in der Dunkelheit nicht erkennen. Doch als die Wolken den Vollmond kurz freigeben, glaubst du, in dem silbrigen Licht ein gewaltiges Tier zu sehen. Es fröstelt dich. Dabei ist es warm. „Was steht denn da auf dem Schild?", Shirley tritt näher an das Tor. Jetzt fällt euch erst auf, dass es nur angelehnt ist. Sollt ihr hindurchgehen? Das Schild sieht nach einer Warnung aus. Wenn man nur lesen könnte, was da steht.

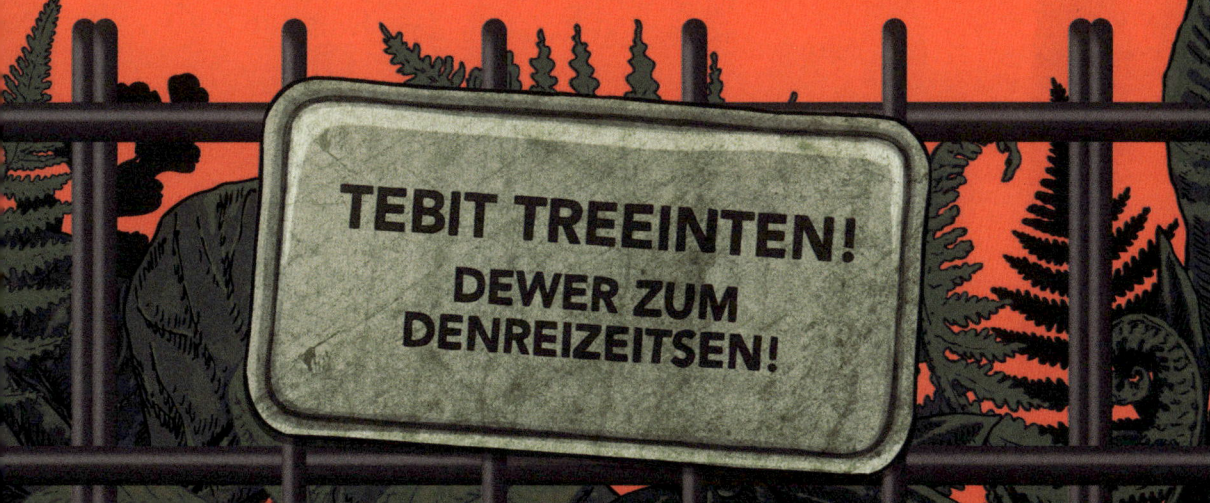

TEBIT TREEINTEN!
DEWER ZUM
DENREIZEITSEN!

✗ Ihr wollt mit mir spielen? ✗

Dann beachtet die SPIELREGELN!

Shirley, John H. und du seid gefangen im Dinopark.
Um rauszukommen, müsst ihr alle Rätsel in der
richtigen Reihenfolge lösen.

✗

John H. und Shirley haben ihre Detektivausrüstung dabei.
Nimm du noch Folgendes mit: einen Stift und eine Schere.
Außerdem brauchst du die Decodierscheibe und das
Notizbüchlein vom Umschlag. Beides musst du ausschneiden
und zusammensetzen.

✗

Jedes Rätsel ergibt ein Lösungswort. Dieses ist ein Hinweis auf
einen Gegenstand. Der Gegenstand befindet sich in dem Raum, in
dem ihr gerade festsitzt. Er verrät euch einen Buchstaben und
führt euch zum nächsten Rätsel. Vergesst nie, den Buchstaben
im Notizbuch zu notieren!

✗

Ihr findet bei jedem Rätsel Tipps. Die braucht ihr,
falls ihr mal nicht weiterwisst.

✗

Die Lösungen der Rätsel findet ihr ganz hinten im Buch.

✗

Bist du mutig genug, dich auf ein Spiel mit mir einzulassen?
Dann los! John H. und Shirley warten schon.

EINE ZEITREISE? Jetzt bist du aber echt gespannt. Wird es in die Zukunft oder in die Vergangenheit gehen? John H. will das Tor aufschieben, doch irgendetwas klemmt. Shirley leuchtet mit ihrer Taschenlampe den Boden ab. Schließlich bückt sie sich und zieht etwas unter dem Tor hervor. Als der Strahl ihrer Taschenlampe darauf fällt, erkennst du, was das ist: ein Knochen. John H. betrachtet ihn mit gerunzelter Stirn.

„Könnte ein Hühnerknochen sein." Shirley sieht sich nach einem Mülleimer um. Weil sie keinen entdeckt, steckt sie den Knochen kurz entschlossen ein.

Dann tretet ihr durch das Tor. Vor euch macht die Brücke einen steilen Bogen nach oben. Kaum habt ihr die ersten Schritte getan, fällt das Tor mit einem Klick ins Schloss. Du bist dir nicht sicher, aber vielleicht siehst du einen Schatten davonhuschen. „Vergangenheit oder Zukunft", erklärt Shirley abenteuerlustig. „Wir kommen!"

TIPP

Welchen Gegenstand hat Shirley aufgehoben? Beginne deine Reise dort.

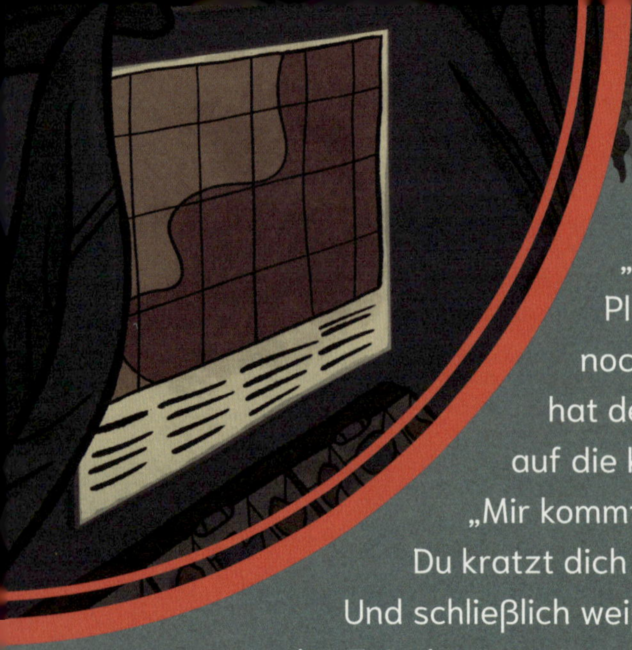

„Was soll das sein? Ein anderer Planet? Oder eine Insel, die ich noch nie gesehen habe?" John H. hat den Kopf schief gelegt und starrt auf die kleinere der beiden Karten. „Mir kommt das irgendwie bekannt vor." Du kratzt dich nachdenklich am Kopf. Und schließlich weißt du es: „Das ist die Erde. In der Zeit des späten Jura. So sah sie vor ungefähr 160 Millionen Jahren aus. Damals lebten die meisten Dinosaurier."

John H. und Shirley sind beeindruckt. Du zuckst die Schultern. Du hast erst neulich einen Film darüber gesehen. Shirley betrachtet die Karte ebenfalls, dann blickt sie zu der größeren Karte. „Und was soll dann die Karte mit der Erde, wie sie heute aussieht? Da lebten doch längst keine Saurier mehr." Guter Einwand, denkst du. John H. hat die Augen zu Schlitzen zusammengekniffen. Er denkt nach. Dann entspannt er sich. „Das sind die Fundorte von Saurierskeletten. Mit den Pinnnadeln können wir darauf markieren, wo welches Skelett gefunden wurde."

TIPP 1
Wo liegen die Orte auf der Karte? Finde sie mithilfe der Koordinaten.

TIPP 2
Orte gefunden? Nimm dir einen Stift und verbinde die Koordinaten einer Farbe der Reihe nach. Gib die Zahlen auf der Decodierscheibe ein.

C2	Exen	E4	Wüste Gubi	D8	Degerjoch	J8	Drosselingen
B3	Grabma	F3	Tendagogo	G8	Sandheim	E12	Knochenberg
C4	Sankt Trias	E2	Kuddelnich	G10	Rübenburg	C14	Drachenfels
D3	Rätdier	D10	Flussthal	J10	Ganzerstadt	H14	Zweiöde

LÖSUNG

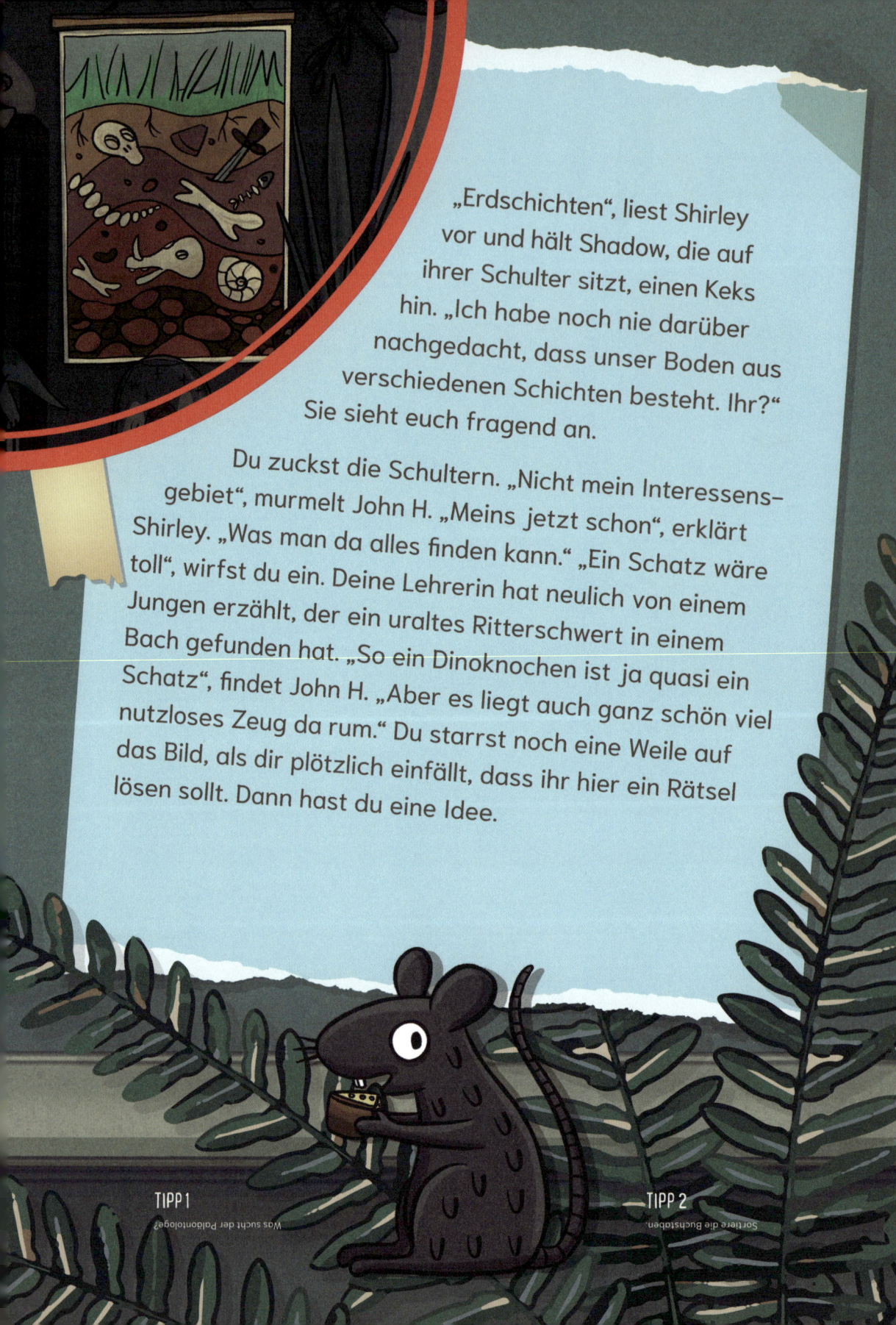

„Erdschichten", liest Shirley vor und hält Shadow, die auf ihrer Schulter sitzt, einen Keks hin. „Ich habe noch nie darüber nachgedacht, dass unser Boden aus verschiedenen Schichten besteht. Ihr?" Sie sieht euch fragend an.

Du zuckst die Schultern. „Nicht mein Interessensgebiet", murmelt John H. „Meins jetzt schon", erklärt Shirley. „Was man da alles finden kann." „Ein Schatz wäre toll", wirfst du ein. Deine Lehrerin hat neulich von einem Jungen erzählt, der ein uraltes Ritterschwert in einem Bach gefunden hat. „So ein Dinoknochen ist ja quasi ein Schatz", findet John H. „Aber es liegt auch ganz schön viel nutzloses Zeug da rum." Du starrst noch eine Weile auf das Bild, als dir plötzlich einfällt, dass ihr hier ein Rätsel lösen sollt. Dann hast du eine Idee.

TIPP 1
Was sucht der Paläontologe?

TIPP 2
Sortiere die Buchstaben.

UND WOHIN ALS NÄCHSTES?

„Das ist eindeutig eine Reise in die Vergangenheit." John H. sagt das ganz nüchtern. Du findest, es klingt eine gewisse Enttäuschung heraus. Klar, eine Reise in die Zukunft wäre der Knaller. Aber ganz ehrlich, diese Insel haut dich fast aus den Socken. Allein die riesigen Dinos. Und dann das Riesenrad, das von Schlingpflanzen überwuchert wird. In deinen Augen ist das die perfekte Mischung aus spannend und gruselig.

Jetzt steht ihr in diesem Ausstellungsraum. Shirley schaut sich um. „Ist es eine Reise in die Vergangenheit, weil dies ein ehemaliger Freizeitpark ist oder weil es um Dinos geht?" Du zuckst die Schultern. Du bist sicher, ihr werdet es noch herausfinden. Apropos herausfinden: Die Knochen, die hier so seltsam herumliegen, sind von einem Wannanosaurus. Das kannst du auf dem Schild lesen. Ein Pflanzenfresser, der nur 60 Zentimeter groß und 1,5 Kilogramm schwer war. „Okay Leute, ich weiß, was zu tun ist." John H. hat die Hände in die Seiten gestemmt. Na dann … los gehts.

TIPP 1

Aus drei Wörtern werden zwei.

TIPP 2

Zwei Wörter bleiben übrig. Setze sie zusammen.

„Wow!" Das kommt von euch drei–
en gleichzeitig. Dass ein Triceratops
riesig ist, wusstet ihr. Aber wenn man
unter so einem Koloss steht, ist es einfach
überwältigend. Nur Shadow ist unbeeindruckt.
Die kleine Ratte saust das Vorderbein hoch,
klettert über die Schulter weiter bis zu dem gewaltigen
Horn über dem rechten Auge des Sauriers. „Shadow weiß wohl,
dass diese Riesensaurier Pflanzenfresser waren." Shirley grinst.
Pflanzenfresser hin, Pflanzenfresser her, denkst du, ein Glück
sind sie ausgestorben. Auch Vegetarier können schließlich mal
schlechte Laune haben.

Shadow ist jetzt ganz vorne an der Spitze des Horns. Sie scharrt
kurz und plötzlich flattert ein weißes Blatt Papier zu euch herunter.
Es war wohl an dem Horn befestigt. John H. hebt es auf. „Aha.
Hier ist das nächste Rätsel." Was für ein Buchstabensalat, schießt
es dir durch den Kopf. Und dann musst du kurz grinsen. Salat.
Vegetarier. Passt ja perfekt. Aber jetzt mal ran an den Rätselspeck.

TIPP 1

Füge die Wortbausteine richtig zusammen.

TIPP 2

Welche Wortbausteine bleiben übrig?

ra   Pte   dac   ro

ra   mi   Epi   ra   de   hio

Dip   **Avaceratops**   Pa   Rex

ra   chio   **Brachiosaurus**   ce   sau

sau   don   **Compsognathus**   xip

Bra   nno   **Diplodocus**   do   sau

ci   Ty   **Epidexipteryx**   lo

rus   **Parasaurolophus**   cus

gen   Comp   **Pteranodon**   hus   tor

sog   ro   **Pterodactylus**   tops   rus

nat   lus   **Struthiomimus**   Strut

Ava   phus   **Tyrannosaurus Rex**   ty

lo   Ve   **Velociraptor**   te

rap   lo   ryx   Pte

no   schirm   mus   Re

M

„Die sehen aus wie die Hand–abdrücke in Gips, die bei euch im Wohnzimmer hängen." Du zeigst auf die Sammlung mit Gipsabdrücken. „Nur dass die Abdrücke von unseren Händen klein und niedlich sind und diese sind groß und Furcht einflößend." John H. hat die Stirn gerunzelt. „Nicht alle sind groß und Furcht einflößend. Hier, der ist von einem kleinen Dinosaurier." Shirley zeigt auf einen Abdruck, der wirklich sehr klein ist. So wie der direkt vor dir.

„Hier ist noch ein kleiner Abdruck. Oder ist das der Gleiche?" Du siehst die beiden Abdrücke genau an. Auch Shirley vergleicht mit zusammengepressten Lippen. Dann nickt sie. „Das passt zu dem Blatt, das hier liegt." Sie zeigt auf eine Tabelle. Und damit wäre auch klar, was hier gerätselt wird, denkst du und beginnst zu suchen.

TIPP 1
Sind die Abdrücke tatsächlich gleich?
Schau dir die Dinospuren genau an.

TIPP 2
Wie oft kommt jeder Fußabdruck vor?

	1	2	3
	D	L	T
	O	M	A
	N	Z	S
	D	F	G
	H	U	K
	N	A	C
	O	X	R
	T	G	P
	W	E	Q

HIER GEHTS WEITER

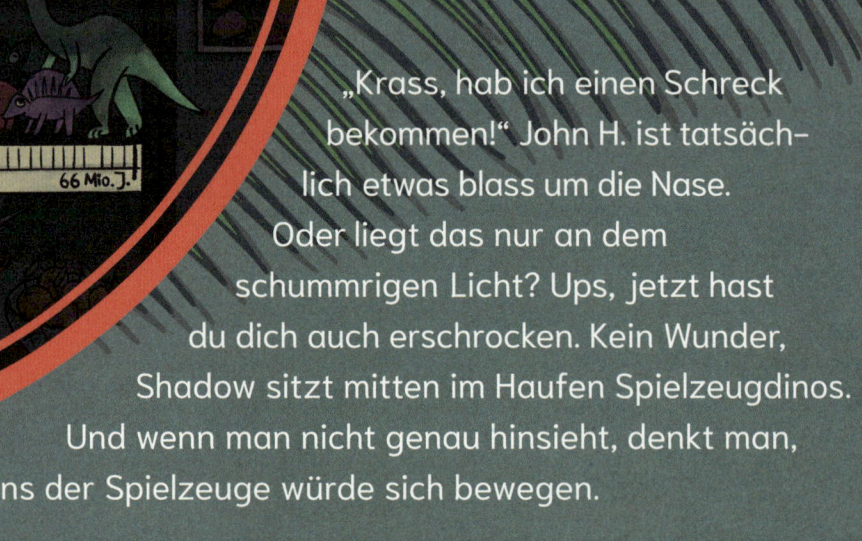

„Krass, hab ich einen Schreck
bekommen!" John H. ist tatsächlich etwas blass um die Nase.
Oder liegt das nur an dem
schummrigen Licht? Ups, jetzt hast
du dich auch erschrocken. Kein Wunder,
Shadow sitzt mitten im Haufen Spielzeugdinos.
Und wenn man nicht genau hinsieht, denkt man,
eins der Spielzeuge würde sich bewegen.

Shirley mustert das Regalbrett direkt über den Figuren.
An dessen Rand ist eine Zeitleiste angebracht. Ganz links
steht 160 Millionen Jahre. Rechts steht 66 Millionen Jahre.
„Wahrscheinlich stehen die Figuren normalerweise auf dem
Regalbrett", grübelt John H. Du nimmst den T-Rex in die Hand
und drehst ihn unschlüssig hin und her. Wo müsste er dann
einsortiert sein? Du zuckst die Schultern. „Ich denke, das hier
kann uns helfen." Shirley wedelt mit einem Zettel in der rechten Hand, während sie mit der linken Shadow zwischen den
Dinos herausholt.

TIPP 1

Lies dir die Anleitung auf dem
Zettel genau durch.

TIPP 2

Bringe die Dinos in die richtige Reihenfolge.

B

L Brachiosaurus

A Parasaurolophus

F Stegosaurus

E Ankylosaurus

N Velociraptor

N Tryrannosaurus Rex

Z Triceratops

P Allosaurus

- Der Tyrannosaurus Rex steht ganz rechts.
- Links vom Stegosaurus steht nur ein weiterer Dinosaurier.
- Rechts neben dem Parasaurolophus befinden sich weniger als fünf Dinosaurier.
- Links neben dem Brachiosaurus stehen zwei weitere Dinosaurier.
- Der Triceratops steht zwischen dem Velociraptor und dem Ankylosaurus.
- Der Ankylosaurus steht nicht neben dem Parasaurolophus.
- Der Velociraptor steht nicht neben dem Tyrannsaurus Rex.
- Der Allosaurus steht links vom Stegosaurus.

UND WOHIN JETZT?

Millionen	160	155	163	85	83	70	69	66
Jahre								

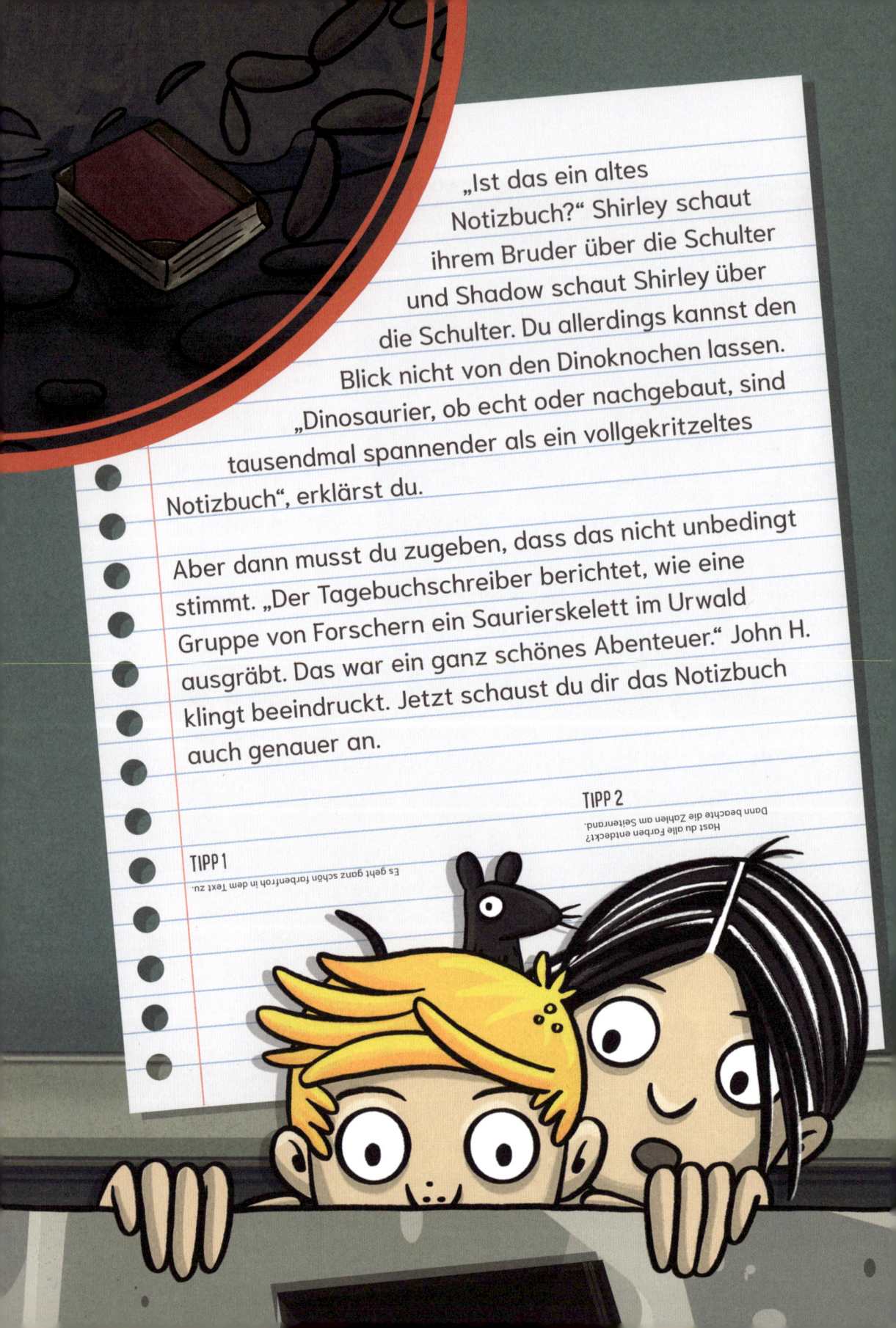

„Ist das ein altes Notizbuch?" Shirley schaut ihrem Bruder über die Schulter und Shadow schaut Shirley über die Schulter. Du allerdings kannst den Blick nicht von den Dinoknochen lassen. „Dinosaurier, ob echt oder nachgebaut, sind tausendmal spannender als ein vollgekritzeltes Notizbuch", erklärst du.

Aber dann musst du zugeben, dass das nicht unbedingt stimmt. „Der Tagebuchschreiber berichtet, wie eine Gruppe von Forschern ein Saurierskelett im Urwald ausgräbt. Das war ein ganz schönes Abenteuer." John H. klingt beeindruckt. Jetzt schaust du dir das Notizbuch auch genauer an.

TIPP 1
Es geht ganz schön farbenfroh in dem Text zu.

TIPP 2
Hast du alle Farben entdeckt? Dann beachte die Zahlen am Seitenrand.

Die Blüte der Saurier-Orchidee leuchtete rosa. Und zwar so intensiv, dass wir sie schon von Weitem sahen. Es war genau so, wie es Professor Doktor Schwarz beschrieben hatte. Bis zur Blüte und dann 50 Meter nach rechts. Über uns in den Baumwipfeln erklang wieder dieser unheimliche Schrei.

Doch so angestrengt wir auch nach oben blickten, wir sahen nichts als Blätter und kleine Stücke vom hellblauen Himmel. Je schneller wir die Knochen finden würden, desto schneller könnten wir hier wieder raus. Der Dschungel machte uns allen Angst. Plötzlich hüpfte ein orangefarbener Frosch vor uns über die braune Erde. Wir beobachteten ihn. Dann allerdings fiel unser Blick auf den blauen Stein. Wir waren am Ziel. Hier hatte der Professor den Knochen entdeckt. Eilig packten wir unser Werkzeug aus. Wir wollten vor dem großen Regen fertig sein. Und dazu blieben uns noch drei Stunden. Dann würden die schweren Wolken wieder von Westen her aufziehen und den Himmel erst lila, dann violett und schließlich dunkelrot verfärben. Und kurz darauf öffneten sich die Himmelsschleusen und es würde schütten. So wie all die Tage zuvor.

3-2-1-3-4-1-2-4-1

NÄCHSTE STATION

„Stopp!" Gerade noch recht-
zeitig schnappst du Shadow.
Der kleine Nager scheint sehr
hungrig zu sein. Immerhin wollte
Shadow gerade die Bilder dieser
Pflanzen annagen. „Ich gebe ihr lieber
mal was aus meinem Vorrat", brummt
John H. und kramt in seiner Tasche. „Das ist
doch eine Rechenaufgabe."

Shirley kratzt sich nachdenklich am Kopf. Aber man muss
kein Genie sein, um das festzustellen. Denn zwischen den Pflanzen stehen mathematische Zeichen. Doof nur, dass die Pflanzen
Pflanzen sind und keine Zahlen. Vielleicht stehen ja Zahlen auf
dem Papierröllchen, das hinter dem Rahmen klemmt.
Du ziehst es hervor und entrollst es neugierig. „Und stehen da
Zahlen?", will John H. wissen. „Nee, nur Buchstaben." Du zuckst
die Schultern. Merkwürdiges Rätsel. Aber Shirley hat etwas
verstanden, das ihr noch nicht kapiert habt.

TIPP 1
Jede Pflanze steht für eine Zahl.

TIPP 2
Gleichung gelöst? Das Ergebnis sagt dir,
welche Buchstaben du brauchst. Zähle nach.

$$\text{(green plant)} + \text{(green plant)} + \text{(green plant)} = 45$$

$$\text{(green plant)} + \text{(ginkgo)} + \text{(ginkgo)} = 23$$

$$\text{(ginkgo pair)} + \text{(ginkgo pair)} + \text{(feather)} = 10$$

$$\text{(green plant)} - \text{(feather)} - \text{(ginkgo)} = \, ?$$

```
A L T E R Z H J T K L M N V D
W E R S Q V U L K A N I I H L
M A D E F C F H K R D E F X E
T G S Q W O P F K J D E R U I
L A A M B X S Z D C M T I E R
X N J R P O C K L W A S T G P
G Y P L A N J U S K B W Q Z U
```

WOHIN ALS NÄCHSTES?

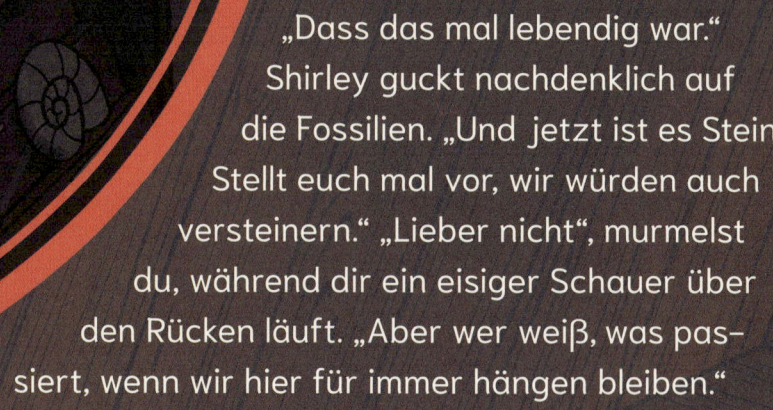

„Dass das mal lebendig war." Shirley guckt nachdenklich auf die Fossilien. „Und jetzt ist es Stein. Stellt euch mal vor, wir würden auch versteinern." „Lieber nicht", murmelst du, während dir ein eisiger Schauer über den Rücken läuft. „Aber wer weiß, was passiert, wenn wir hier für immer hängen bleiben."

„Keine Sorge!" John H. klopft dir beruhigend auf die Schulter. „Wenn alle Rätsel so einfach sind wie dieses, sind wir schon bald wieder draußen." Einfach? Ein riesiges Fragezeichen schwebt über deinem Kopf. Und auch Shirley blickt ihren Bruder mit gerunzelter Stirn an. John H. grinst. „Noch nie was von Sudoku gehört?" Jetzt fällt auch bei Shirley und dir der Groschen und du merkst, wie du dich entspannst. Die Versteinerung muss noch warten.

TIPP 1

Spiele Urzeit-Sudoku. In jeder Reihe, in jeder Spalte und in jeder 9er-Kachel darf jede Gesteinsprobe nur einmal vorkommen.

TIPP 2

Kannst du die Rechenaufgabe lösen?

	1	2	3	4	5	6	7	8	9

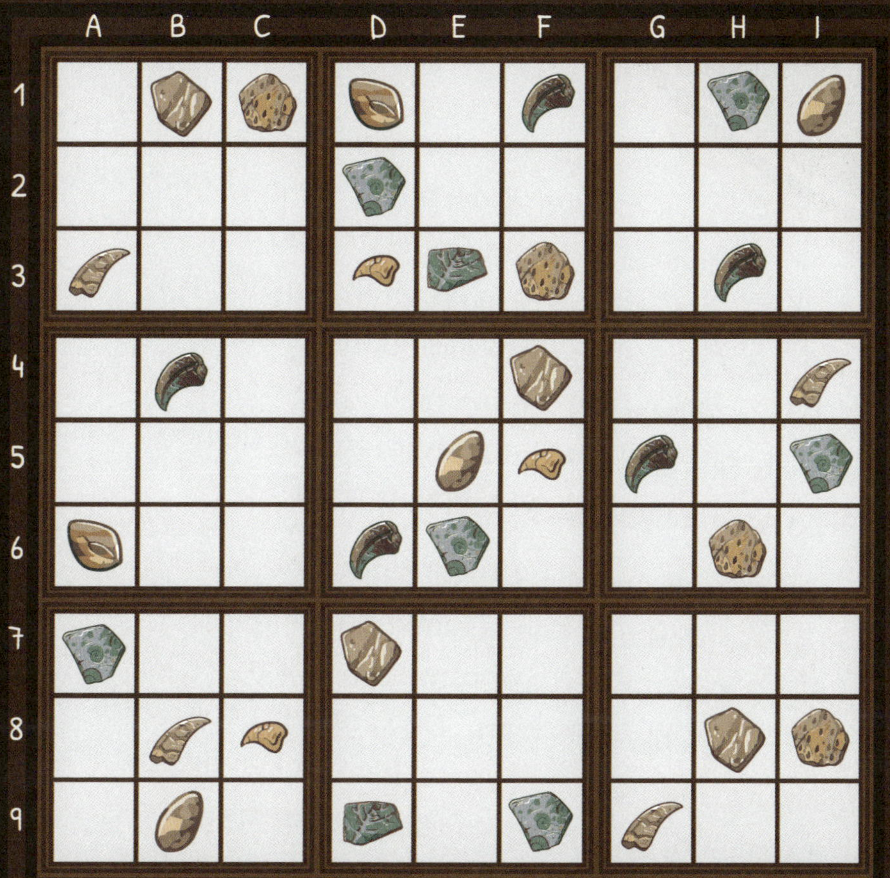

C2 · D5 · I7 = ?

LÖSUNG

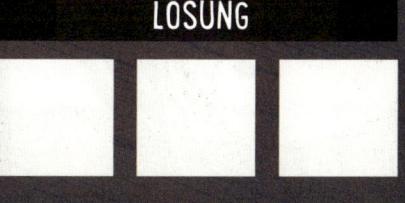

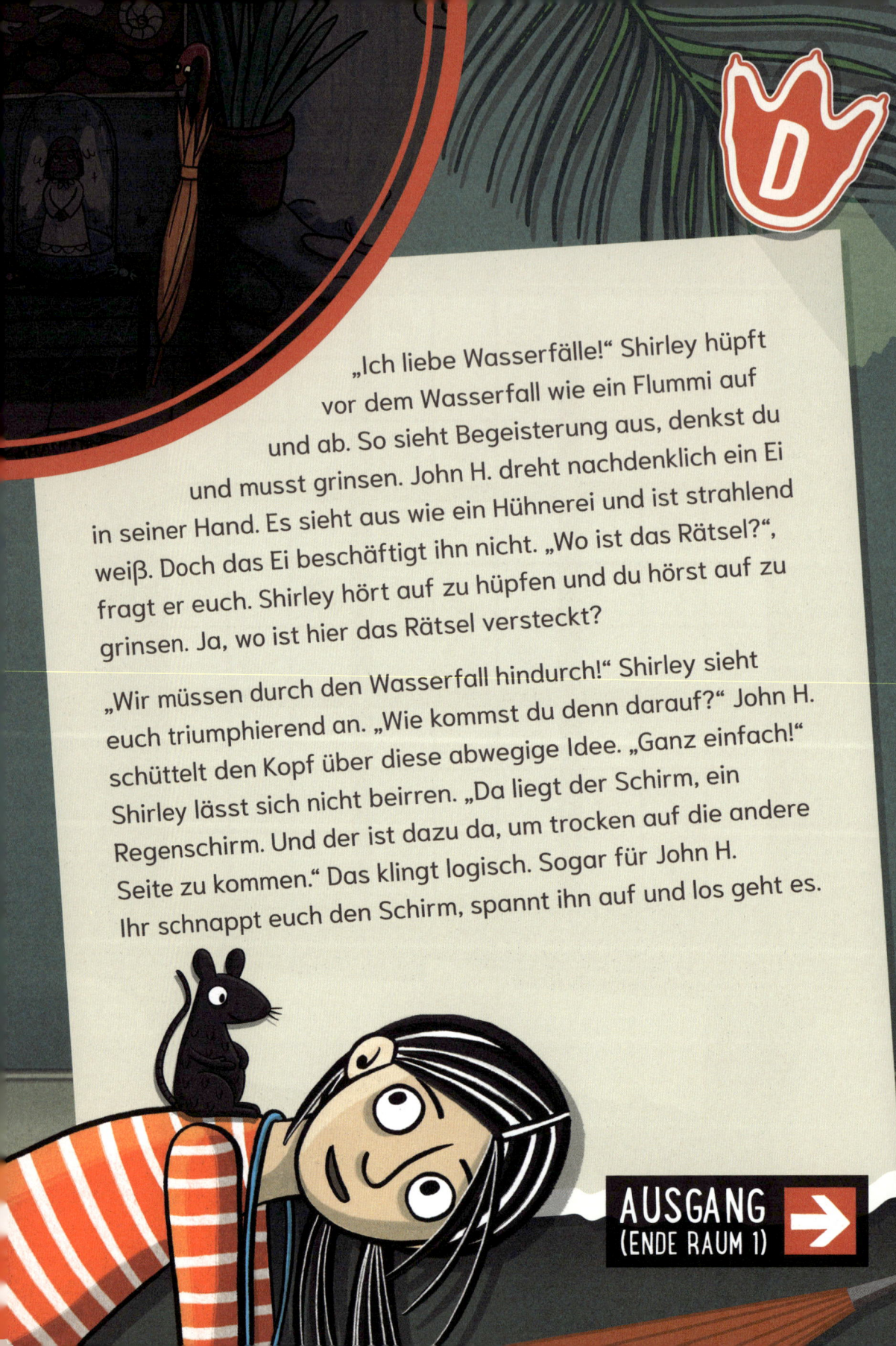

„Ich liebe Wasserfälle!" Shirley hüpft vor dem Wasserfall wie ein Flummi auf und ab. So sieht Begeisterung aus, denkst du und musst grinsen. John H. dreht nachdenklich ein Ei in seiner Hand. Es sieht aus wie ein Hühnerei und ist strahlend weiß. Doch das Ei beschäftigt ihn nicht. „Wo ist das Rätsel?", fragt er euch. Shirley hört auf zu hüpfen und du hörst auf zu grinsen. Ja, wo ist hier das Rätsel versteckt?

„Wir müssen durch den Wasserfall hindurch!" Shirley sieht euch triumphierend an. „Wie kommst du denn darauf?" John H. schüttelt den Kopf über diese abwegige Idee. „Ganz einfach!" Shirley lässt sich nicht beirren. „Da liegt der Schirm, ein Regenschirm. Und der ist dazu da, um trocken auf die andere Seite zu kommen." Das klingt logisch. Sogar für John H. Ihr schnappt euch den Schirm, spannt ihn auf und los geht es.

AUSGANG
(ENDE RAUM 1) →

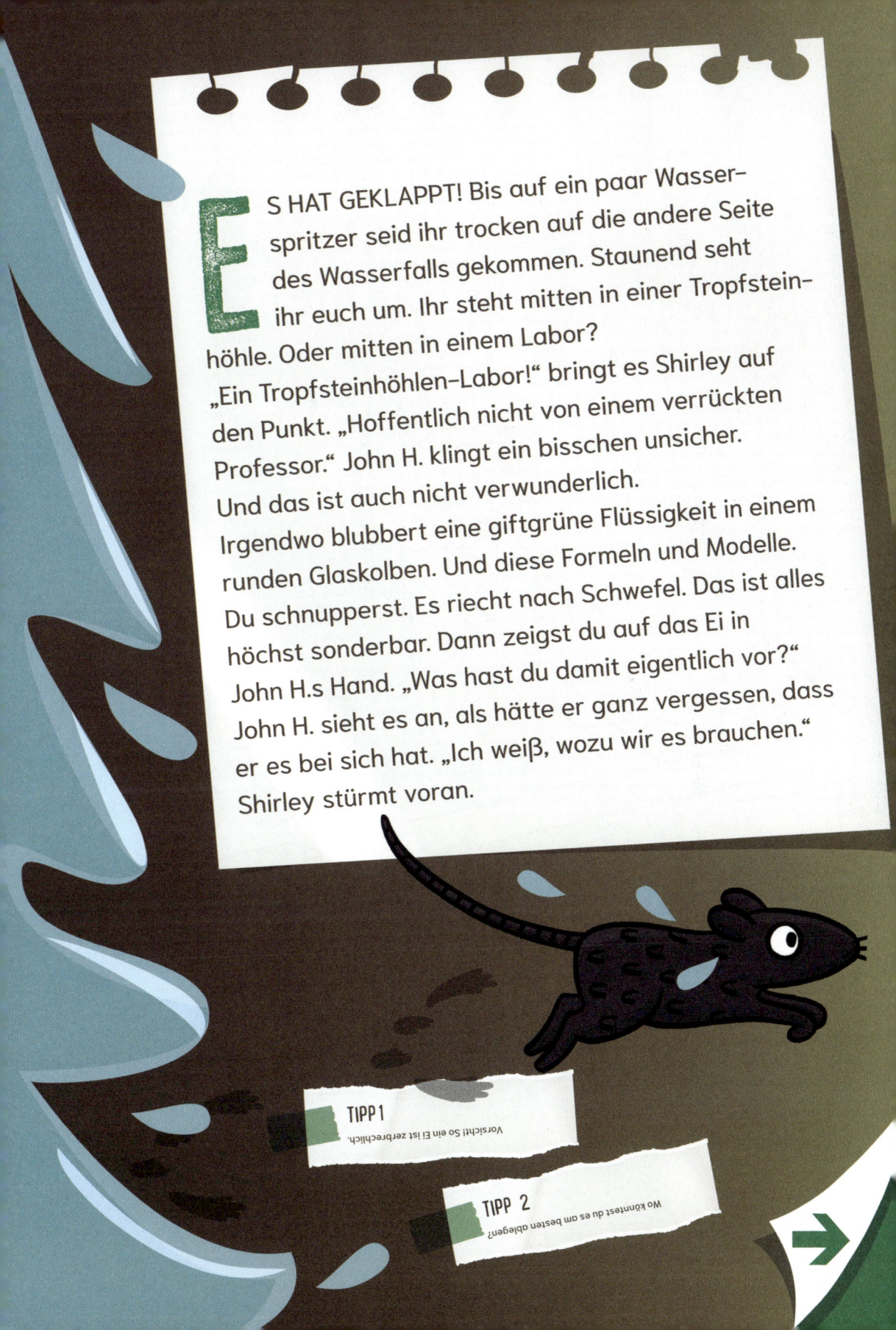

ES HAT GEKLAPPT! Bis auf ein paar Wasser–spritzer seid ihr trocken auf die andere Seite des Wasserfalls gekommen. Staunend seht ihr euch um. Ihr steht mitten in einer Tropfstein–höhle. Oder mitten in einem Labor? „Ein Tropfsteinhöhlen–Labor!" bringt es Shirley auf den Punkt. „Hoffentlich nicht von einem verrückten Professor." John H. klingt ein bisschen unsicher. Und das ist auch nicht verwunderlich. Irgendwo blubbert eine giftgrüne Flüssigkeit in einem runden Glaskolben. Und diese Formeln und Modelle. Du schnupperst. Es riecht nach Schwefel. Das ist alles höchst sonderbar. Dann zeigst du auf das Ei in John H.s Hand. „Was hast du damit eigentlich vor?" John H. sieht es an, als hätte er ganz vergessen, dass er es bei sich hat. „Ich weiß, wozu wir es brauchen." Shirley stürmt voran.

TIPP 1
Vorsicht! So ein Ei ist zerbrechlich.

TIPP 2
Wo könntest du es am besten ablegen?

John H. nimmt den weißen Laborkittel vom Stuhl, zieht ihn an, wendet sich von euch ab, strubbelt durch seine Haare und dreht sich mit einer Grimasse zu euch um. „Ich bin der verrückte Professor", krächzt er mit verstellter Stimme. Als Shadow dann noch auf seine Schulter klettert, sieht er schon ziemlich echt aus. Ihr müsst lachen. John H. greift in die linke Tasche und zieht eine Dinofigur hervor. Kurz dachtest du, es sei ein echtes Dinobaby.

Shirley nimmt es ihrem Bruder ab und betrachtet es genau. Aber da ist das Rätsel nicht versteckt. Aus der rechten Tasche hat John H. nämlich noch einen Zettel hervorgeholt. Und darauf ist es. Ihr setzt euch zu den großen Tropfsteinen, kramt einen Stift heraus und legt los.

TIPP 1

Schon mal was von Kakuro gehört? Trage die Zahlen 1 bis 9 in die leeren Felder ein. Aufgepasst: Für eine Summe darfst du nie zweimal die gleiche Zahl verwenden.

TIPP 2

Die kleinen Zahlen in den Feldern zeigen dir die Summe der Zahlen daneben oder darunter eintragen musst.

LÖSUNG

„Ist das wirklich ein Computer?"
Misstrauisch beäugst du diese Kiste.
„Die ist noch aus dem letzten Jahrtausend.
Und die Tastatur ist auch uralt." Beim Blick
auf das Keyboard fällt dir auf, dass die Taste 3
ziemlich abgenutzt ist.

Shirley steht mit Kennermiene vor dem Rechner und drückt
einen Knopf. Ihr hört den Computer starten. Der Monitor leuchtet.
Und dann tauchen diese Zahlen- und Buchstabenreihen auf.
Grün flimmern sie euch entgegen. „Das sieht rätselhaft aus",
lässt John H. euch an seinen Gedanken teilhaben, „aber wo ist
das Rätsel?" Du nimmst den Rucksack vom Rücken und ziehst
eine Packung Nüsse hervor. Auf Nüssen kauen soll bekanntlich
beim Knacken von Rätselnüssen helfen. Und kaum knackt die
erste Haselnuss zwischen deinen Backenzähnen, weißt du, was
zu tun ist.

TIPP 1
Schau dir den Monitor genau an:
Fällt dir etwas auf?

TIPP 2
Verbinde die Zahlen.

HIER GEHTS WEITER

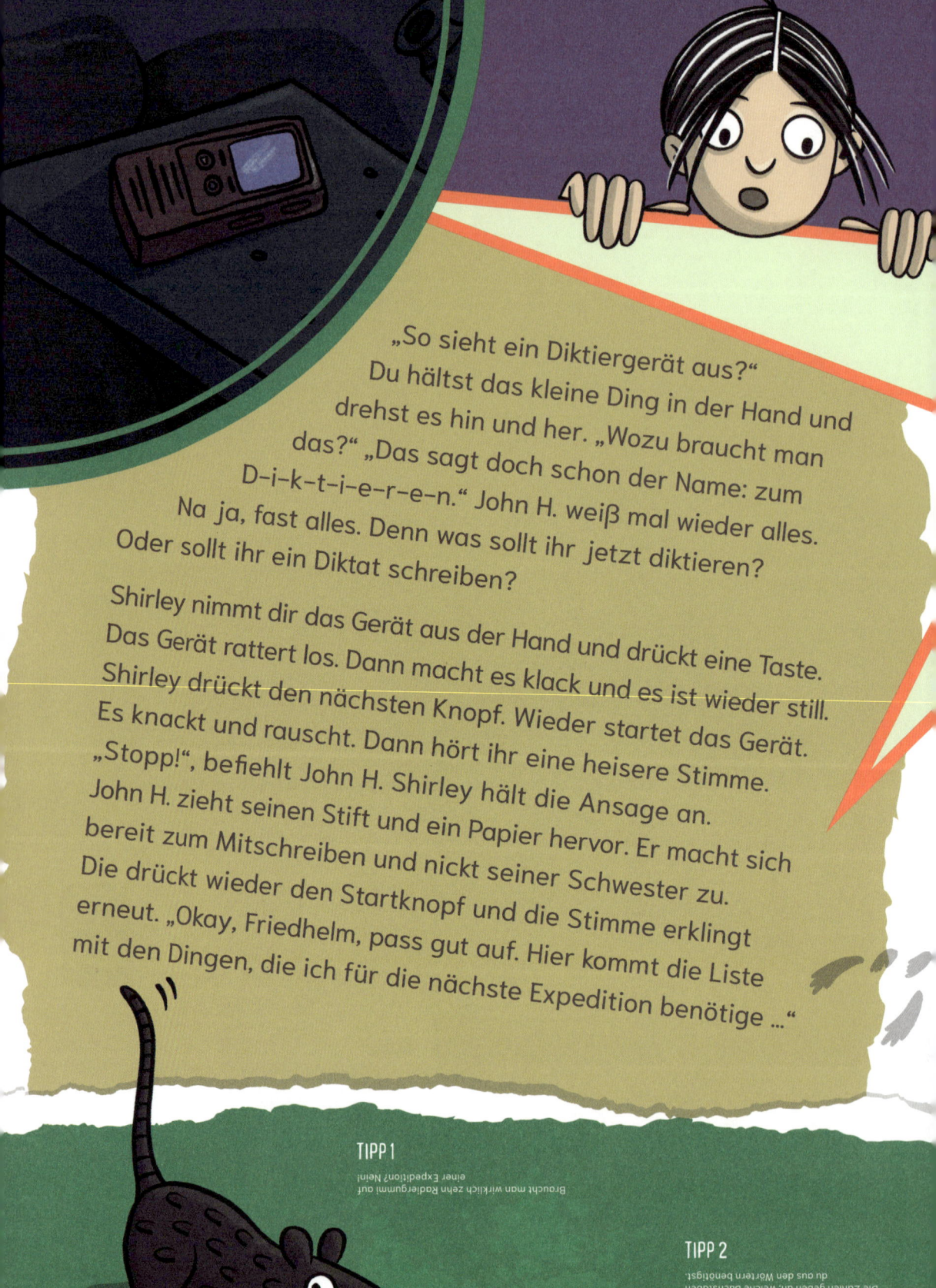

„So sieht ein Diktiergerät aus?"
Du hältst das kleine Ding in der Hand und
drehst es hin und her. „Wozu braucht man
das?" „Das sagt doch schon der Name: zum
D–i–k–t–i–e–r–e–n." John H. weiß mal wieder alles.
Na ja, fast alles. Denn was sollt ihr jetzt diktieren?
Oder sollt ihr ein Diktat schreiben?

Shirley nimmt dir das Gerät aus der Hand und drückt eine Taste.
Das Gerät rattert los. Dann macht es klack und es ist wieder still.
Shirley drückt den nächsten Knopf. Wieder startet das Gerät.
Es knackt und rauscht. Dann hört ihr eine heisere Stimme.
„Stopp!", befiehlt John H. Shirley hält die Ansage an.
John H. zieht seinen Stift und ein Papier hervor. Er macht sich
bereit zum Mitschreiben und nickt seiner Schwester zu.
Die drückt wieder den Startknopf und die Stimme erklingt
erneut. „Okay, Friedhelm, pass gut auf. Hier kommt die Liste
mit den Dingen, die ich für die nächste Expedition benötige ..."

TIPP 1

Braucht man wirklich zehn Radiergummi auf
einer Expedition? Nein!

TIPP 2

Die Zahlen geben an, welche Buchstaben
du aus den Wörtern benötigst.

... ein Beil, zwei Eimer, drei Feldbücher, vier Hemden, fünf Salzstreuer, sechs Bestecke, sieben Teppiche, acht Hühnereier, neun Linzer Torten und zehn Radiergummi. Verstanden?

NÄCHSTE STATION

1	2	3	4	5	6	7	8	9	10

In dieser Laborhöhle wimmelt es nur so von Zetteln mit Notizen. Aber es gibt nur ein richtiges Notizbuch. Es hat ein bisschen gedauert, bis ihr es in einer Felsspalte entdeckt habt. Shirley blättert es durch. Schließlich hält sie euch eine aufgeschlagene Doppelseite hin. „Das Buch ist leer … bis auf diese Seite."

„Dann muss das wohl das Rätsel sein." John H. streicht sich über die Haare. Er denkt nach. Du lässt deinen Blick über das Gewirr an Buchstaben, Zahlen und Strichen gleiten. „Das soll wohl eine chemische Formel sein", meint John H. schließlich. „Ist es eine chemische Formel oder soll es eine sein?" Shirley nimmt es mal wieder ganz genau. John H. blickt von dem Notizbuch auf und grinst. „Ich meine es genau so, wie ich es sage. Das hier ist keine richtige chemische Formel." Du holst tief Luft und spitzt die Lippen. Volle Konzentration.

Tipp 1

Sieh dir die Zahlen an. Fällt dir etwas auf?

Tipp 2

Sortiere die Buchstaben entsprechend den Zahlen von klein nach groß.

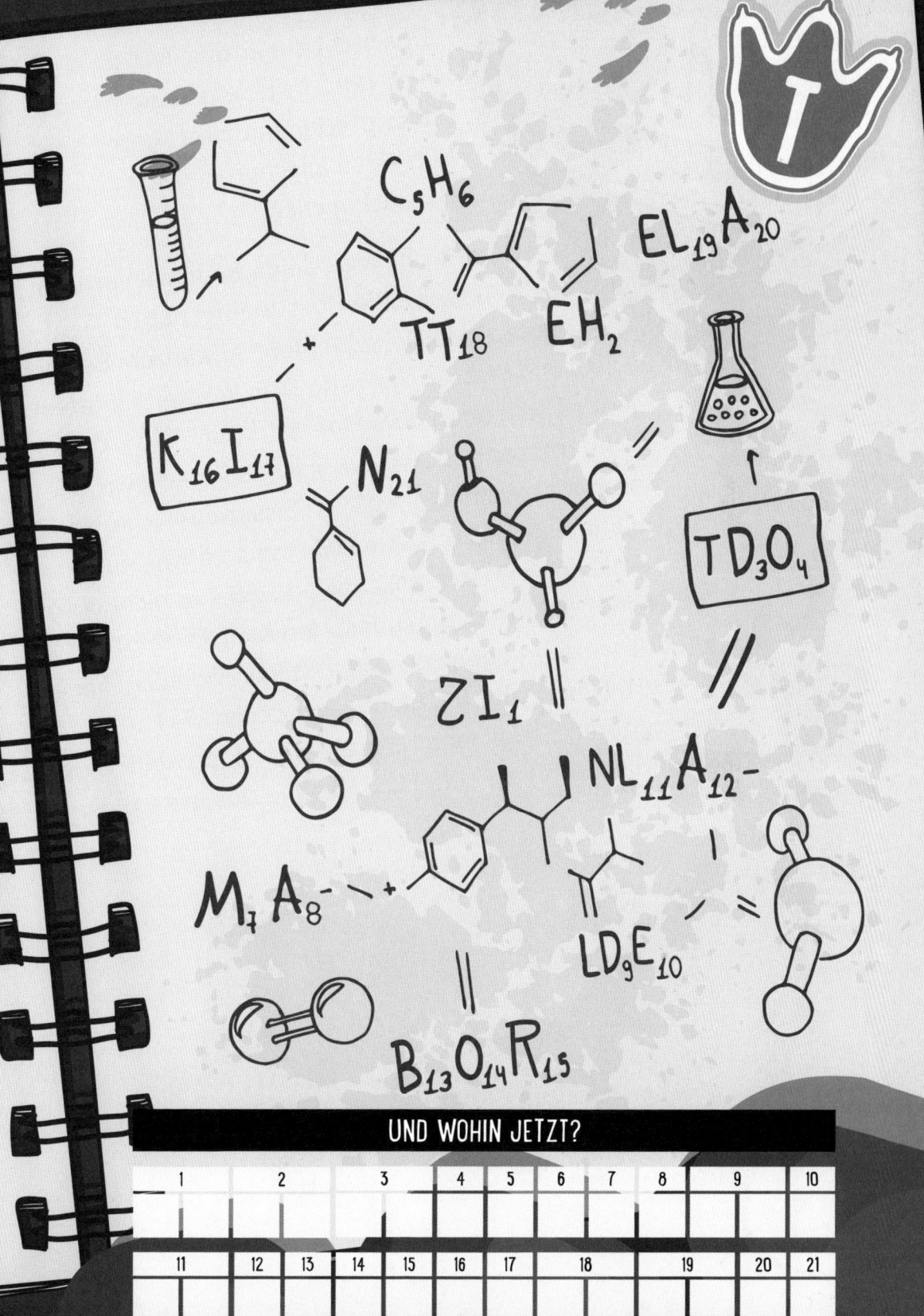

C_5H_6

$EL_{19}A_{20}$

TT_{18}

EH_2

$K_{16}I_{17}$

N_{21}

TD_3O_4

ZI_1

$NL_{11}A_{12}-$

M_7A_8-

LD_9E_{10}

$B_{13}O_{14}R_{15}$

UND WOHIN JETZT?

1	2	3	4	5	6	7	8	9	10

11	12	13	14	15	16	17	18	19	20	21

Das sieht super aus, findest du. Also dass in jedem Reagenzglas Flüssigkeiten mit zwei Farben sind. Nur wieso mischen die sich eigentlich nicht?

Shirley scheint deine Gedanken erraten zu haben. „Die Flüssigkeiten haben unterschiedliche Dichten. So wie zum Beispiel Öl und Wasser. Wenn du Öl in Wasser schüttest, legt es sich oben aufs Wasser drauf." Okay, denkst du, interessant. „Doch was soll das Rätsel sein? Sollen wir rausfinden, welche Flüssigkeiten das sind?" Du stöhnst innerlich. Wie soll man so etwas nur herausfinden? Doch anscheinend geht es nicht darum. John H. schüttelt zumindest den Kopf. Er zeigt auf das vierte Reagenzglas. Das ist leer. Daneben liegen Zettel und Stift. „Ich glaube, wir sollen die Farben sortieren", sagt John H., greift sich das zweite Glas und schüttet die rote Flüssigkeit in das leere Glas.

TIPP 1

Du brauchst Buntstifte. Male die Flüssigkeiten so hin und her, dass in jedem Glas nur noch eine Farbe ist.

TIPP 2

Welches Reagenzglas ist zuerst mit einer Farbe gefüllt und welches als Nächstes?

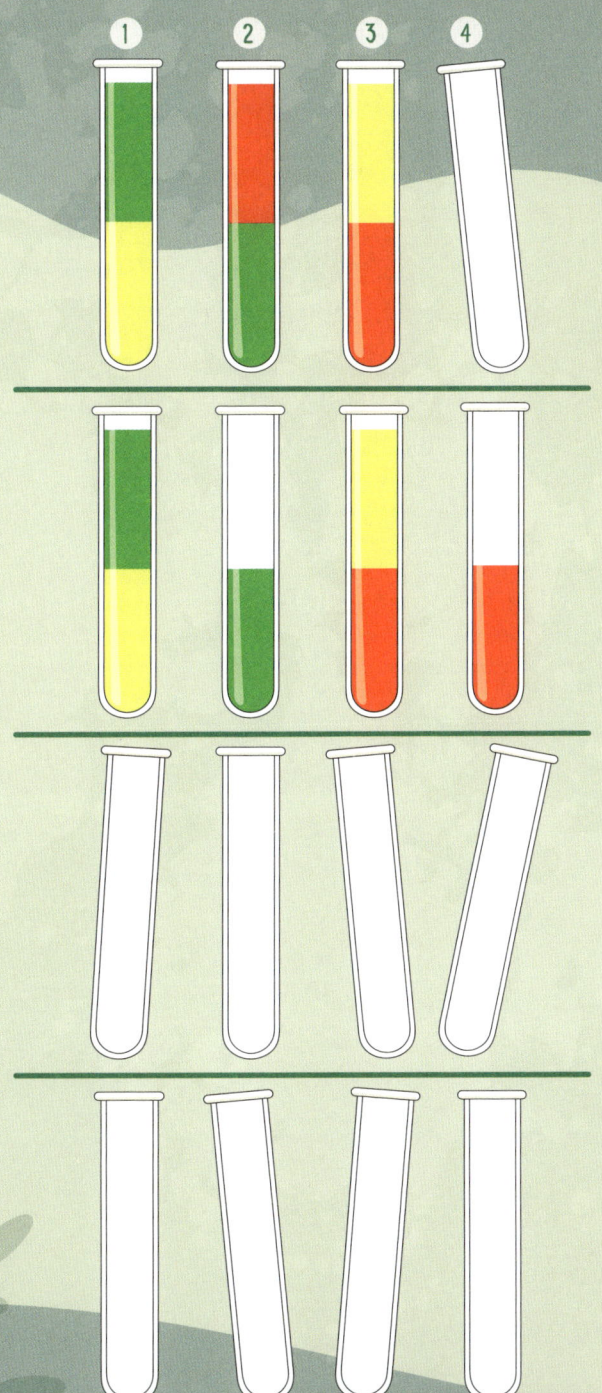

DORT GEHTS WEITER

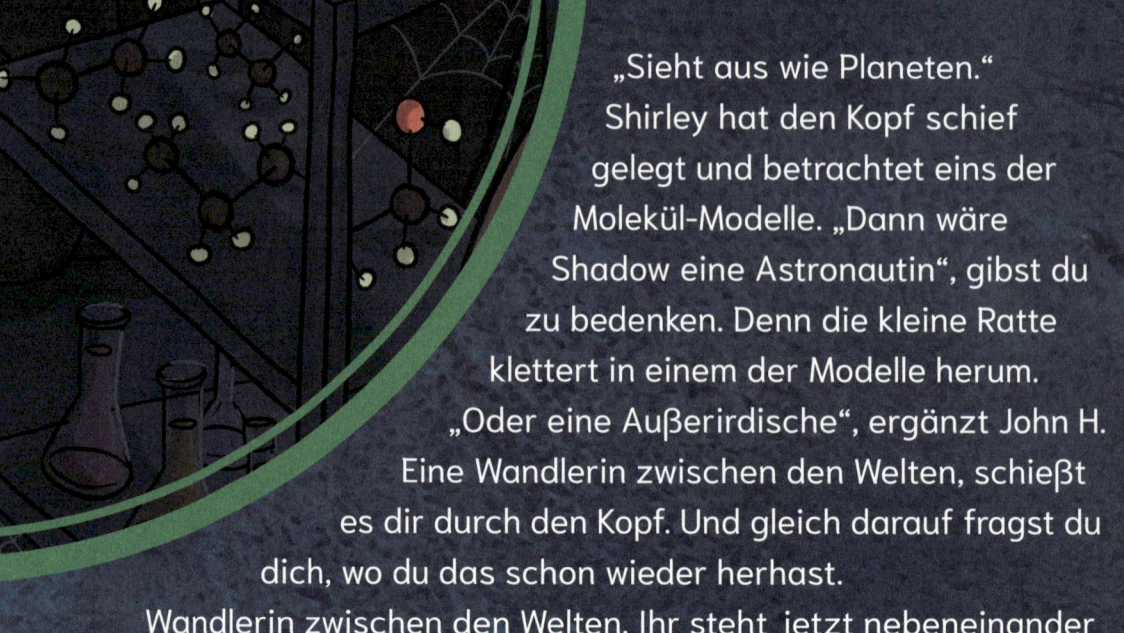

„Sieht aus wie Planeten."
Shirley hat den Kopf schief
gelegt und betrachtet eins der
Molekül-Modelle. „Dann wäre
Shadow eine Astronautin", gibst du
zu bedenken. Denn die kleine Ratte
klettert in einem der Modelle herum.
„Oder eine Außerirdische", ergänzt John H.
Eine Wandlerin zwischen den Welten, schießt
es dir durch den Kopf. Und gleich darauf fragst du
dich, wo du das schon wieder herhast.
Wandlerin zwischen den Welten. Ihr steht jetzt nebeneinander
vor den Modellen und starrt sie an. Aber so einfach geben sie ihr
Geheimnis nicht preis. Was ist hier das Rätsel? Was hat sich Z Junior
dabei gedacht? Oder ist das Rätsel von dem verrückten Professor?
Oder ist Z Junior der verrückte Professor? Fragen über Fragen.
„Ich hab's", verkündet Shirley und grinst.

TIPP 1

Schau dir die Modelle gut an.
Fällt dir etwas auf?

TIPP 2

Nur drei Modelle sind
genau gleich. Welche?

LÖSUNG

[   ] < [   ] < [   ]

John H. hat als Erster den Zusammenhang zwischen dem Ei in seiner Hand und denen im Nest hergestellt. „Was ist das nur für ein riesiges Nest?" Shirley spricht aus, was ihr alle denkt. Und sie gibt auch gleich die Antwort: „Ein Dinonest. Ich denke, es ist ein Dinonest." „Aber", gibst du zu bedenken, „wenn das das Nest eines Dinosauriers ist und darin Eier liegen, aus denen ganz offensichtlich etwas geschlüpft ist … sind dann etwa Dinosaurier in der Höhle?"

Du blickst dich um. Ein Schauer läuft dir über den Rücken. Hat sich da hinter dem großen Tropfstein, der von der Decke hängt, etwas bewegt? Ist das ein Reptilienschwanz bei dem Tropfstein, der von unten nach oben wächst, oder doch nur ein Schatten? Wo seid ihr hier reingeraten? „Ob aus diesen Eiern wirklich etwas geschlüpft ist, weiß ich nicht. Aber ich weiß, wie wir das Rätsel lösen müssen." John H. reißt dich aus deinen Gedanken. Und du bist ihm dankbar dafür.

TIPP 1
Jedes Ei hat genau einen Deckel.

TIPP 2
Jedes Symbol hat einen Buchstaben.

NÄCHSTE STATION

„Das sind die Bilder von einer Überwachungskamera!" Shirley hat die Hände in die Seiten gestemmt. Sie findet Überwachung doof.

Du siehst dich in der Tropfsteinhöhle genauer um. Du guckst vor allem an die Decke und suchst nach Kameras. Denn die Bilder auf dem Monitor zeigen eindeutig Aufnahmen aus dem Labor. John H. kratzt sich nachdenklich am Kopf. „Was ich nicht verstehe", murmelt er so leise, dass ihr es kaum hören könnt, „warum sind Monitor und Kamera im selben Raum? Logischer wäre es, wenn dieser Professor sehen würde, was vor der Höhle vor sich geht. Oder wenn er draußen ist, sieht, was hier drinnen passiert." Das leuchtet dir ein. Du schaust dir die Aufnahmen noch einmal richtig an.

„Das sind gar keine aktuellen Aufnahmen von einer Überwachungskamera! Das sind vier Standbilder!" Shirley klopft dir anerkennend auf die Schulter.

TIPP 1

Schau genau!

TIPP 2

Welcher Gegenstand taucht
auf allen vier Bildern auf?

„Was steht denn auf den kleinen Zetteln?", fragst du Shirley, die sich über den Berg mit Knochen beugt. Shadow nutzt die Gelegenheit und springt von ihrer Schulter. Zum Glück reagiert Shirley geistesgegenwärtig genug und schnappt die kleine Ratte noch im Flug. Sie wäre sonst auf den Knochen gelandet und hätte alles umgeworfen. Möglicherweise ein fataler Fehler. Schließlich kommt es bei Z Juniors Rätseln auf jedes Detail an.

„Auf den Zetteln stehen irgendwelche Buchstaben. Ich kann keinen Sinn darin erkennen." Shirley richtet sich wieder auf. „Ich denke, man muss die Buchstaben in die richtige Reihenfolge bringen." John H. umrundet die Knochen. Das mit der richtigen Reihenfolge war jetzt keine Idee der Marke genial, denkst du, sagst aber lieber nichts. Denn du hast auch keine bessere Idee. Oder doch? Doch!

TIPP 1

Kennst du Knochen-Mikado? Dann los.

TIPP 2

Hast du dir die Reihenfolge, in der du die Knochen wegnimmst, gemerkt?

WOHIN ALS NÄCHSTES?

John H. guckt genervt.
„Das ist eindeutig ein Fels.
Aber wir sind in einer Höhle, hier
ist alles voller Felsen. Wenn es der
nicht ist, welcher dann?" Ihr blickt euch
um. Du trittst näher an den Felsblock, denn
es geht dir wie John H. Du findest, dieser Fels muss
es sein. Aber wo ist das Rätsel? Shadow will wohl helfen.
Sie klettert auf den Stein. Dann beginnt sie daran zu nagen.
Das arme Tier ist wohl schon wieder hungrig. Du stutzt.
Hungrig!? Seit wann fressen Ratten Steine? Shirley denkt
das Gleiche wie du: „Der Fels ist gar nicht aus Stein!"
Du berührst ihn. Es ist … Pappmaschee! Unglaublich, wie
echt das aussieht. Shirley packt den riesigen Stein
mit zwei Händen und hebt ihn zur
Seite. Das sieht aus, als hätte
sie Riesenkräfte. Aber das
Ding ist ganz leicht.
Und dahinter ist der
Ausgang. Du jubelst!

AUSGANG
(ENDE RAUM 2) →

J OHN H. KRAMT SEINE TASCHENLAMPE HERVOR. Er lässt den Lichtkegel durch die kleine Höhle gleiten. Schließlich bleibt er an einem Wagen aus Holz hängen. Der Wagen steht auf Schienen. Er ist oben offen und hat zwei Sitzbänke. Hier haben drei Leute bequem Platz. Das Licht reflektiert einen Aufkleber auf der Rückseite des Wagens. Er zeigt einen Totenkopf mit zwei gekreuzten Knochen. Z Junior. „Dann müssen wir wohl einsteigen." Shirley krabbelt in den Wagen. John H. hinterher. Du steigst hinter ihnen auf die zweite Bank. Wie von Geisterhand klappen Bügel aus Eisen über eure Beine. Eine Art Sicherheitsgurt, denkst du noch, und schon geht es los. Eine Achterbahnfahrt im Dunkeln. Hinterher kannst du nicht sagen, wer von euch am lautesten geschrien hat. Dann hält der Wagen. Die Bügel klappen hoch. Endlich kannst du dieses seltsame weiche Ding unter deinem Po hervorziehen. Eine Qualle ... zum Glück aus Kunststoff. Ein Licht geht an. Ihr seid in einem Aquarium.

TIPP 1
Die Quelle lag nicht zufällig im Wagen.

TIPP 2
Wo leben Quallen? Also los!

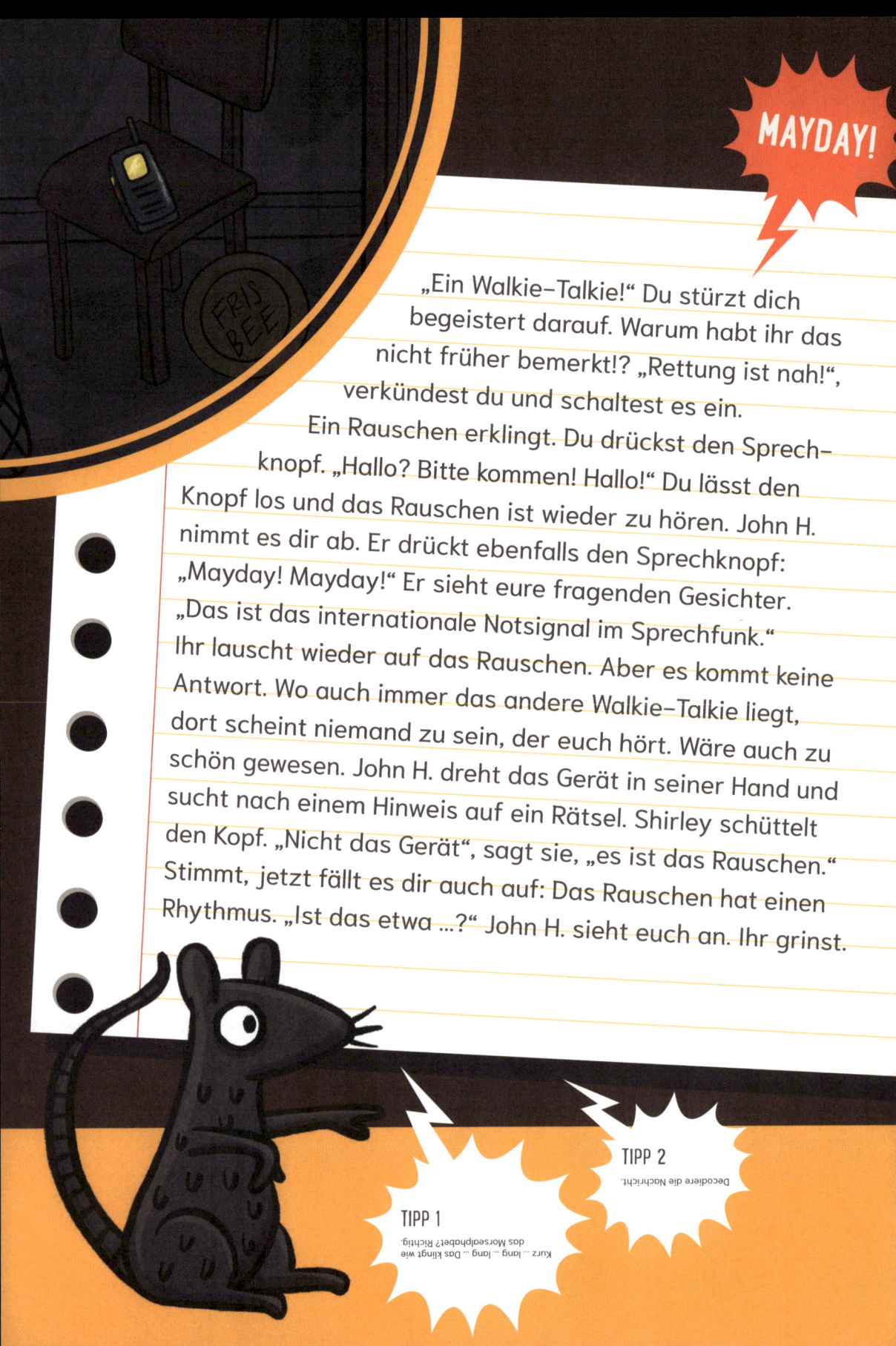

MAYDAY!

„Ein Walkie-Talkie!" Du stürzt dich
begeistert darauf. Warum habt ihr das
nicht früher bemerkt!? „Rettung ist nah!",
verkündest du und schaltest es ein.
Ein Rauschen erklingt. Du drückst den Sprechknopf. „Hallo? Bitte kommen! Hallo!" Du lässt den
Knopf los und das Rauschen ist wieder zu hören. John H.
nimmt es dir ab. Er drückt ebenfalls den Sprechknopf:
„Mayday! Mayday!" Er sieht eure fragenden Gesichter.
„Das ist das internationale Notsignal im Sprechfunk."
Ihr lauscht wieder auf das Rauschen. Aber es kommt keine
Antwort. Wo auch immer das andere Walkie-Talkie liegt,
dort scheint niemand zu sein, der euch hört. Wäre auch zu
schön gewesen. John H. dreht das Gerät in seiner Hand und
sucht nach einem Hinweis auf ein Rätsel. Shirley schüttelt
den Kopf. „Nicht das Gerät", sagt sie, „es ist das Rauschen."
Stimmt, jetzt fällt es dir auch auf: Das Rauschen hat einen
Rhythmus. „Ist das etwa ...?" John H. sieht euch an. Ihr grinst.

TIPP 2

Decodiere die Nachricht.

TIPP 1

Kurz ... lang ... lang ... Das klingt wie
das Morsealphabet? Richtig.

krz krrrzzz krrrzzz   krz   krz krrrzzz krz

krz krz krz   krz krz   krrrzzz   krrrzzz krrrzzz krz krz   krrrzzz

krrrzzz krz krz   krz   krrrzzz krz   krrrzzz krz krrrzzz   krrrzzz

krrrzzz krz krz krz   krz   krz krz krz   krz krz krz   krz   krz krrrzzz krz

krrrzzz krz krz krz   krz   krz krz krz   krz krz krz   krz   krz krrrzzz krz

a b c d e f g h i j k l m n o p q r s t u v w x y z

ch â ö æ ü œ

1 2 3 4 5 6 7 8 9 10

UND WOHIN JETZT?

„Das ist ein Lexikon zum Thema Dinosaurier." Shirley hält das dicke Buch in den Händen und schlägt es auf Seite 132 auf. John H. wedelt mit dieser merkwürdigen Schablone rum, die unter dem Buch lag. Er weiß, was zu tun ist.

ICHTHYOSAURIER

Fischsaurier sind eigentlich weder Saurier noch Fisch. Schaut man genau hin, erkennt man, dass sie mit Echsen verwandt waren. Vor etwa 250 Millionen Jahren begaben sich diese Echsen ins Wasser und wurden zu Fischsauriern. Die Fischsaurier ähnelten Delfinen. Und sie hatten riesige Augen. Bis heute gibt es kein Lebewesen, das größere hatte. Wissenschaftler haben eine Antwort darauf, wofür sie die großen Augen brauchten: Sie konnten sehr gut damit sehen.

Das ist aber noch nicht alles, was wir über Fischsaurier wissen. Im Magen der versteinerten Saurier fanden Forscher die Lieblingsspeise der Tiere: Tintenfische.

Die Fischsaurier hatten keinen Panzer, sondern glatte Haut. Ihre Schwanzflosse sah aus wie die von Haien. Sie bewegten sie hin und her. So kamen sie schnell voran.

TIPP 1
Schneide die Schablone aus.
Der Pfeil zeigt dir, wo du sie anlegen musst.

TIPP 2
Nun guck durch die Fenster. Was liest du?

132

NÄCHSTE STATION

„Ein Quastenflosser!" John H. ist ganz aus dem Häuschen. „Diese Fische gab es schon, als die Erde noch von Dinos besiedelt wurde!" Ihr starrt auf den fast zwei Meter langen Fisch in dem Becken vor euch. Der Fisch starrt zurück. Ob er schläft, fragst du dich. John H. hat eine andere Frage: „Quastenflosser leben in einer Meerestiefe von 150 bis 400 Metern. Wie kann man die in dem Aquarium halten?" Shirley hat die Antwort. Und es klingt ein wenig Enttäuschung mit, als sie es erklärt: „Das ist kein echter Fisch. Deshalb bewegt er sich auch nicht." Eine Attrappe. Das ist in der Tat enttäuschend. Andererseits ist die Attrappe ziemlich gut gelungen. Und noch was Gutes hat es: Du traust dich, mit einem Kescher in dem Becken nach der Flasche zu angeln. Du spürst, wie es in deinem Bauch kribbelt. Eine Flaschenpost wolltest du schon immer mal entdecken. Du ziehst den Korken aus dem Flaschenhals und fischst den zusammengerollten Zettel raus. Shirley schnappt ihn sich und beginnt sofort zu rätseln.

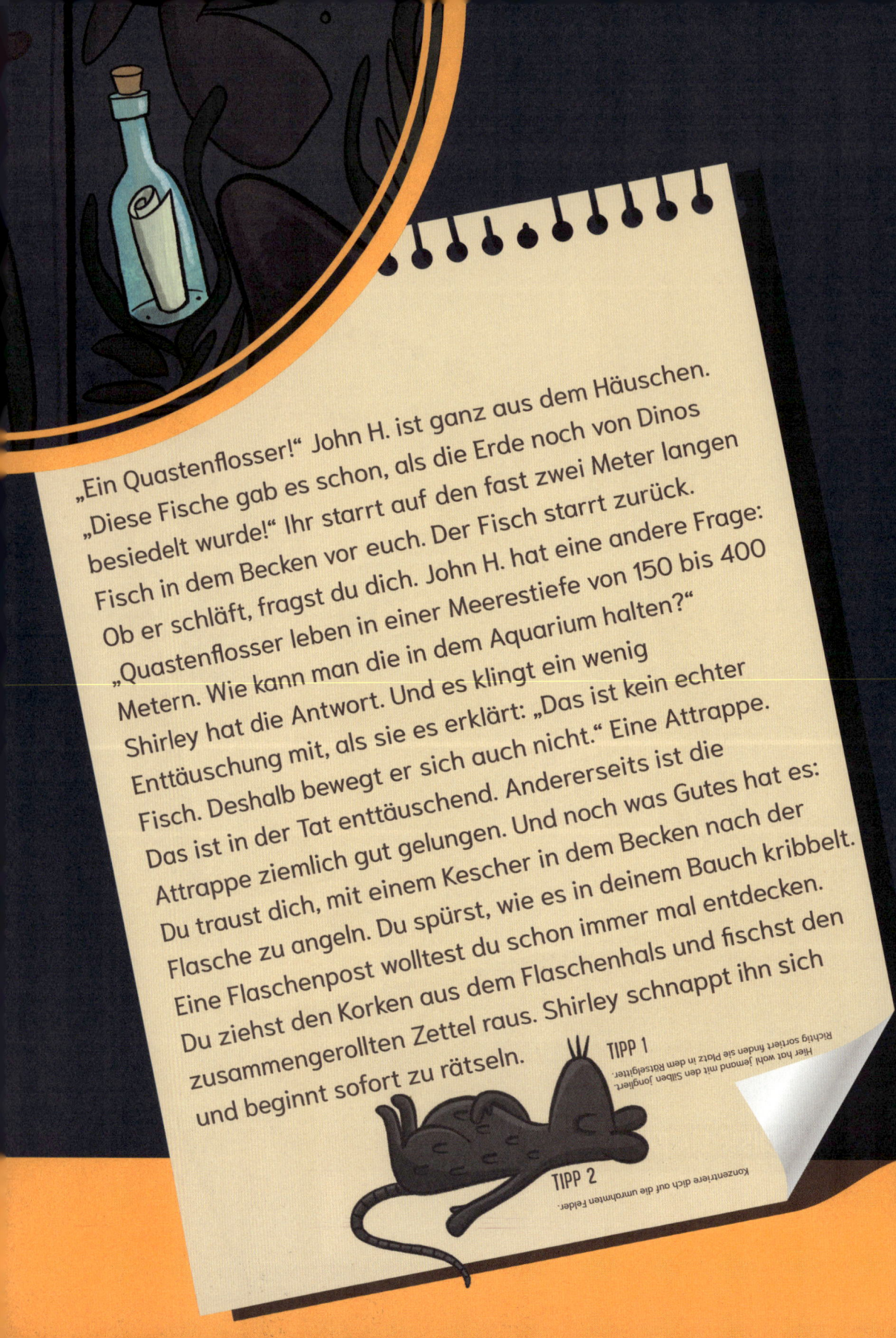

TIPP 1

Hier hat wohl jemand mit den Silben jongliert. Richtig sortiert finden sie Platz in dem Rätselgitter.

TIPP 2

Konzentriere dich auf die umrahmten Felder.

CHEN-FISCH-KNO

SER-FLOS-FLEISCH

SEE-TIEF

TIER-UR

FLEISCH-SER-FRES

I
Ü
W
S
O
R

WIR-LAND-TIER-BEL

SI-LIEN-FOS

TIER-CKEN-BRÜ

UND WOHIN ALS NÄCHSTES?

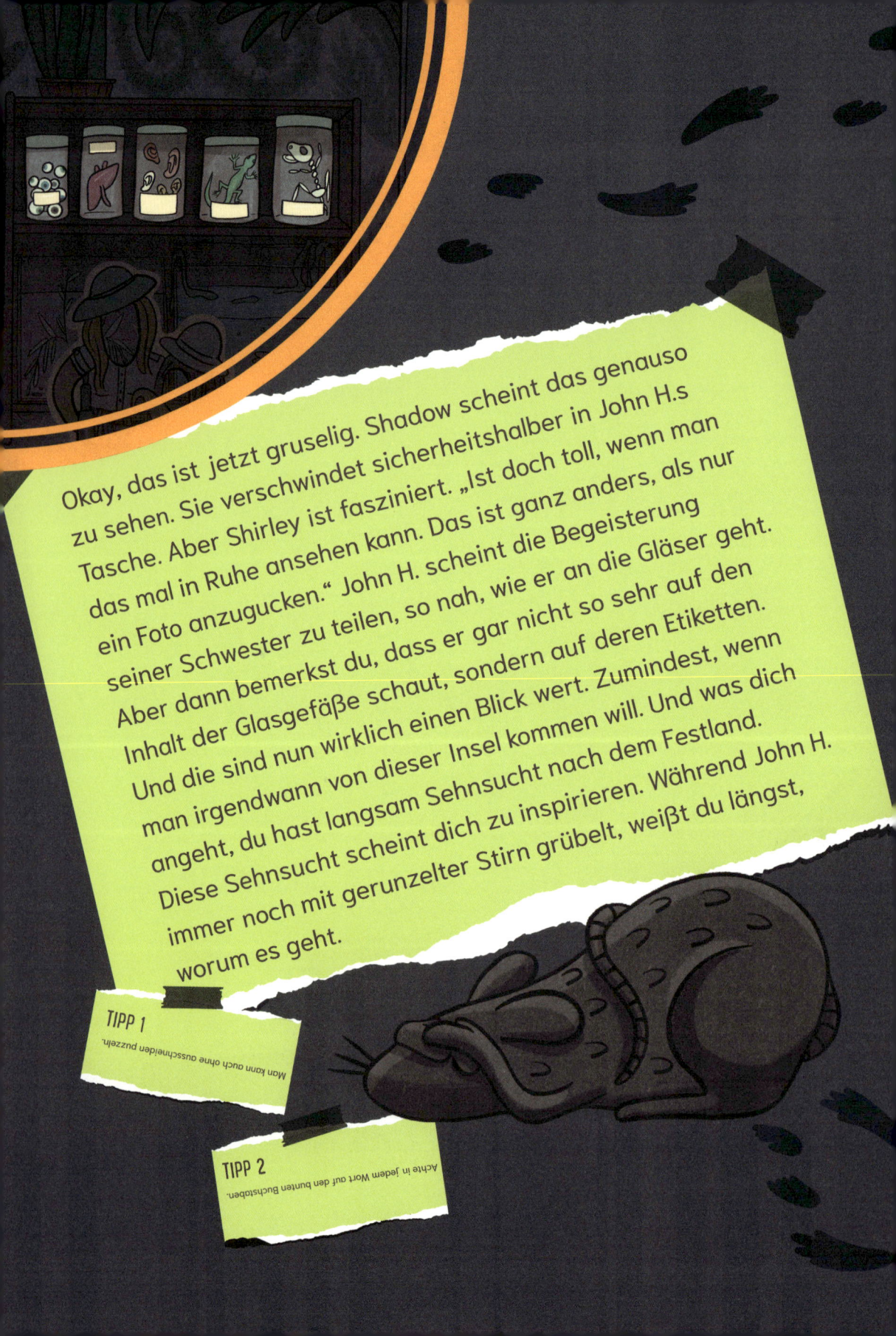

Okay, das ist jetzt gruselig. Shadow scheint das genauso zu sehen. Sie verschwindet sicherheitshalber in John H.s Tasche. Aber Shirley ist fasziniert. „Ist doch toll, wenn man das mal in Ruhe ansehen kann. Das ist ganz anders, als nur ein Foto anzugucken." John H. scheint die Begeisterung seiner Schwester zu teilen, so nah, wie er an die Gläser geht. Aber dann bemerkst du, dass er gar nicht so sehr auf den Inhalt der Glasgefäße schaut, sondern auf deren Etiketten. Und die sind nun wirklich einen Blick wert. Zumindest, wenn man irgendwann von dieser Insel kommen will. Und was dich angeht, du hast langsam Sehnsucht nach dem Festland. Diese Sehnsucht scheint dich zu inspirieren. Während John H. immer noch mit gerunzelter Stirn grübelt, weißt du längst, worum es geht.

TIPP 1
Man kann auch ohne ausschneiden puzzeln.

TIPP 2
Achte in jedem Wort auf den bunten Buchstaben.

WEITER GEHTS HIER

Ehrfürchtig streichst du über den Schildkrötenpanzer. Er fühlt sich angenehm kühl an. Die Oberfläche ist rau. Das war mal eine ziemlich große Schildkröte. „Wusstet ihr, dass die Schildkröten eine Ordnung der Sauropsida sind?" Woher John H. diese Info schon wieder hat? „Es gab sie schon vor 220 Millionen Jahren." Auch Shirley beeindruckt dich mit ihrem Wissen. Aber dann siehst du es, die Geschwister haben die Information von einem kleinen Schild neben dem Panzer. „Alles schön und gut", erklärst du, „aber wisst ihr, was die Lösung des Rätsels ist?" Du grinst, weil die beiden dich jetzt ebenso staunend ansehen, wie du sie eben angesehen hast.

TIPP 1
Buchstaben ergeben Wörter.

TIPP 2
Verbinde die Buchstaben von links nach rechts und von rechts nach links.

UND WOHIN JETZT?

TIPP 1

Schneide die beiden Spielkarten aus und falte sie der Länge nach.

TIPP 2

Lege sie aneinander. Welche Zahl entsteht? Gib sie in die Decodierscheibe ein.

„Cool, ein Kartenspiel mit Dinos! Los, wir zocken eine Runde!" Shirley sieht euch erwartungsvoll an. Ja, denkst du, das wäre doch mal ein netter Zeitvertreib. Dazu könntet ihr auch ein bisschen was knabbern. Du kramst bereits nach etwas, um deinen knurrenden Magen zu beruhigen, als John H. euch einen Strich durch die Rechnung macht. „Habt ihr schon vergessen, weshalb wir hier sind?"

„Natürlich nicht", antwortet Shirley bockig, „aber was spricht gegen ein wenig Abwechslung und etwas zu essen? Auch die größten Detektive brauchen Pausen."

Aber John H. lässt das nicht gelten. Er nimmt seiner Schwester die Karten aus der Hand und legt sie auf dem Tisch aus. Du hältst Shirley eine Dose mit Apfelscheiben hin. Wenn John H. euch schon das Spielen verbietet, dann könnt ihr ja wenigstens essen. Shirley sieht das genauso und greift zu. Dann betrachtet sie die Karten. „Lecker. Der Apfel. Und das Rätsel ist so gut wie gelöst."

1QG

BD7

A

LÖSUNG

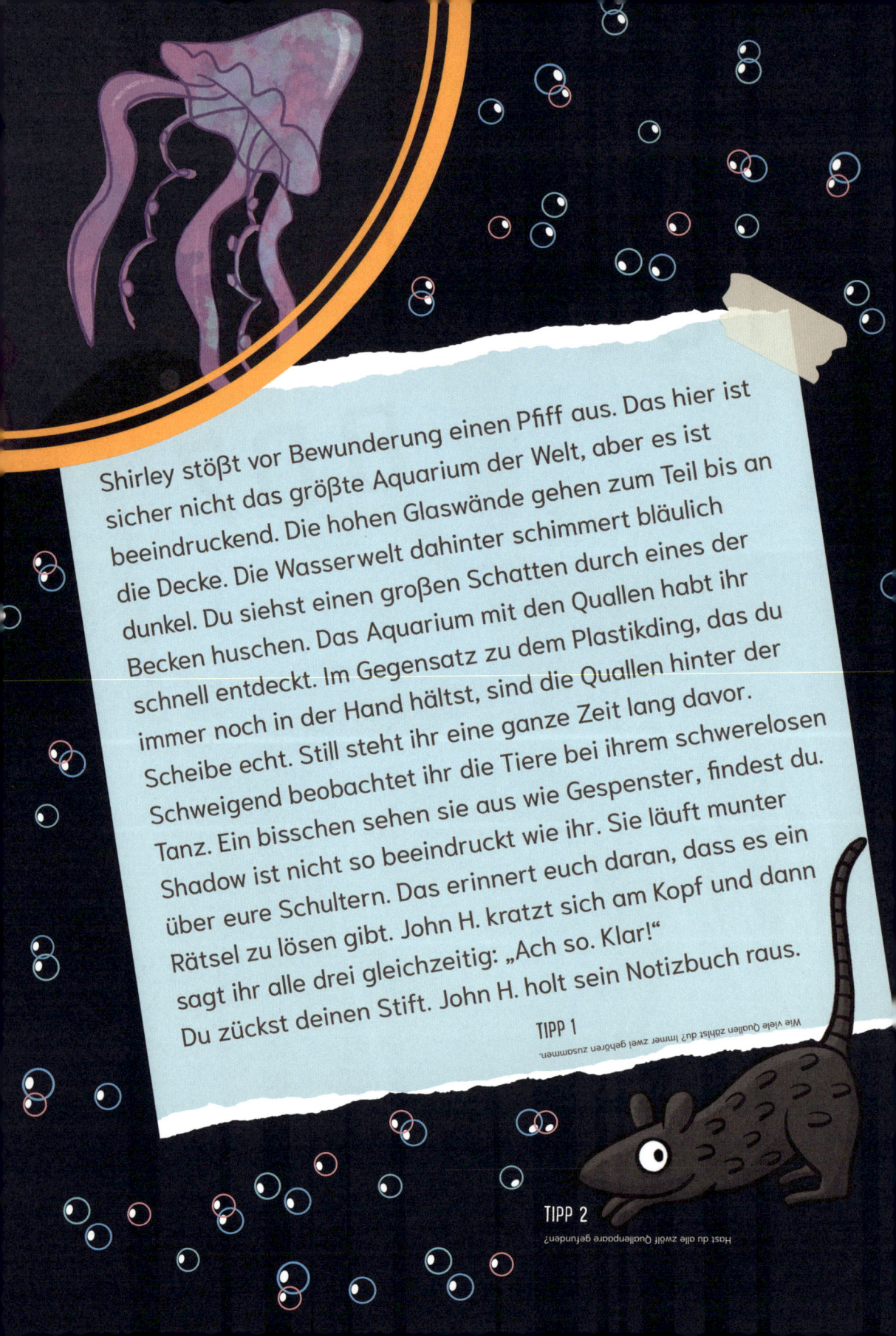

Shirley stößt vor Bewunderung einen Pfiff aus. Das hier ist sicher nicht das größte Aquarium der Welt, aber es ist beeindruckend. Die hohen Glaswände gehen zum Teil bis an die Decke. Die Wasserwelt dahinter schimmert bläulich dunkel. Du siehst einen großen Schatten durch eines der Becken huschen. Das Aquarium mit den Quallen habt ihr schnell entdeckt. Im Gegensatz zu dem Plastikding, das du immer noch in der Hand hältst, sind die Quallen hinter der Scheibe echt. Still steht ihr eine ganze Zeit lang davor. Schweigend beobachtet ihr die Tiere bei ihrem schwerelosen Tanz. Ein bisschen sehen sie aus wie Gespenster, findest du. Shadow ist nicht so beeindruckt wie ihr. Sie läuft munter über eure Schultern. Das erinnert euch daran, dass es ein Rätsel zu lösen gibt. John H. kratzt sich am Kopf und dann sagt ihr alle drei gleichzeitig: „Ach so. Klar!" Du zückst deinen Stift. John H. holt sein Notizbuch raus.

TIPP 1

Wie viele Quallen zählst du? Immer zwei gehören zusammen.

TIPP 2

Hast du alle zwölf Quallenpaare gefunden?

WAS KOMMT ALS NÄCHSTES?

1	2	3	4	5	6	7	8	9	10	11	12

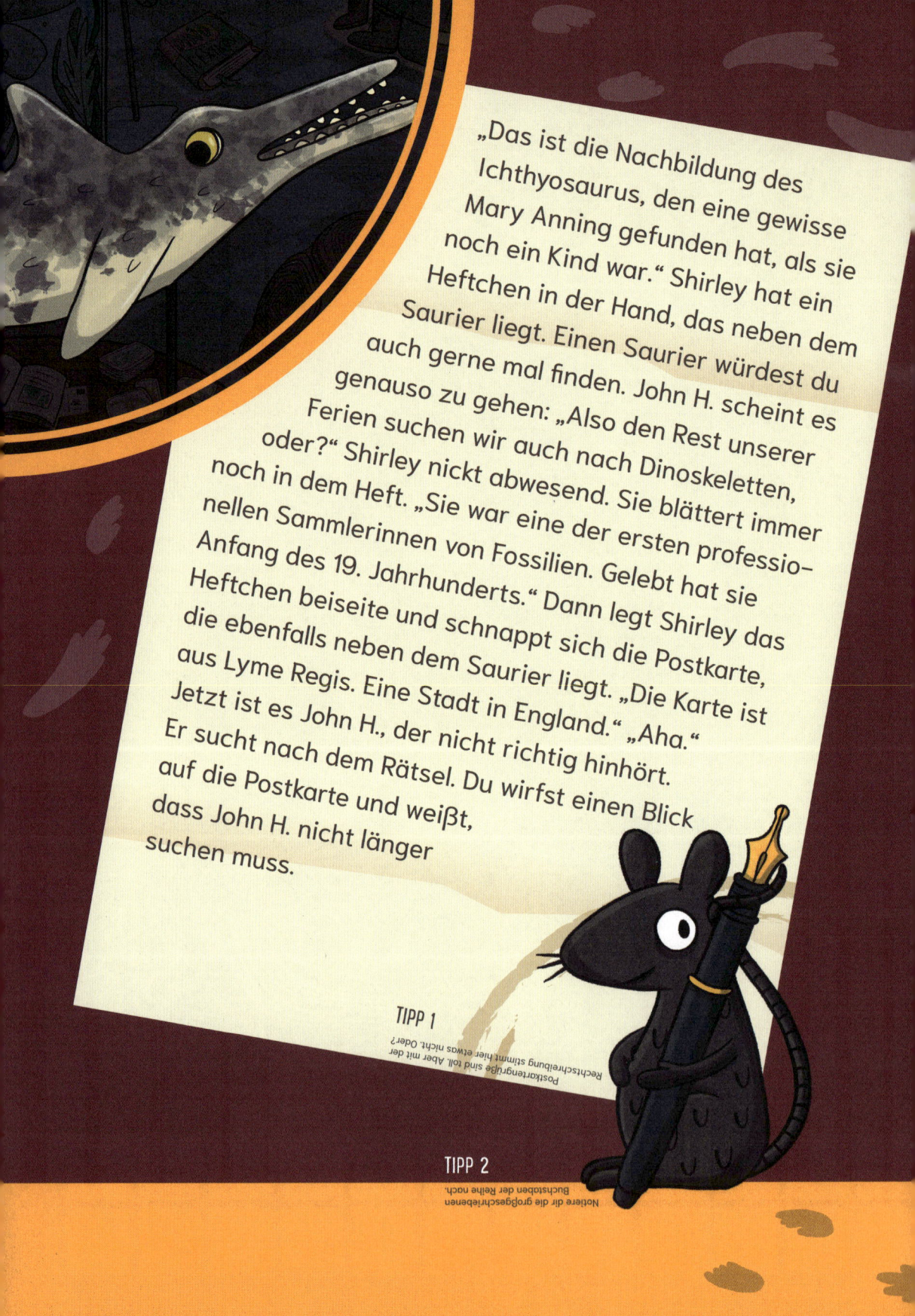

„Das ist die Nachbildung des Ichthyosaurus, den eine gewisse Mary Anning gefunden hat, als sie noch ein Kind war." Shirley hat ein Heftchen in der Hand, das neben dem Saurier liegt. Einen Saurier würdest du auch gerne mal finden. John H. scheint es genauso zu gehen: „Also den Rest unserer Ferien suchen wir auch nach Dinoskeletten, oder?" Shirley nickt abwesend. Sie blättert immer noch in dem Heft. „Sie war eine der ersten professionellen Sammlerinnen von Fossilien. Gelebt hat sie Anfang des 19. Jahrhunderts." Dann legt Shirley das Heftchen beiseite und schnappt sich die Postkarte, die ebenfalls neben dem Saurier liegt. „Die Karte ist aus Lyme Regis. Eine Stadt in England." „Aha." Jetzt ist es John H., der nicht richtig hinhört. Er sucht nach dem Rätsel. Du wirfst einen Blick auf die Postkarte und weißt, dass John H. nicht länger suchen muss.

TIPP 1

Postkartengrüße sind toll. Aber mit der Rechtschreibung stimmt hier etwas nicht. Oder?

TIPP 2

Notiere dir die großgeschriebenen Buchstaben der Reihe nach.

meine liebe freundin Polly,

vielleicht eRinnerst du dich, letztes jahr hat
mein bruder den schÄdel eines dinosauriers
gefunden. nun hat vergangene nacht ein sturm
einen teil unserer kliPpe weggespült.
dAs musste ich mir ansehen.
und rat, was ich fand:
den Restlichen körper des dinosAuriers.
es war ein fischdinosaurier.
ich bin ganz aufgeregT.

es umarmt dich
deinE freundin

mary

An

Poll

70

WO GEHTS WEITER?

Richtig bequem ist die Bank nicht, findest du. Aber vielleicht ist man auch besonders kritisch, wenn es mitten in der Nacht ist und man eigentlich in einem warmen und gemütlichen Bett liegen sollte. Shirley schiebt die Pappteller zur Seite und setzt sich neben dich. John H. liegt auf dem Rücken mit dem Kopf unter der Bank. Er sucht nach dem Rätsel. Du drehst das Papier eines Schokoriegels in der Hand. Jemand hat es auf der Bank liegen gelassen. „Hier unten ist nichts", stöhnend kommt John H. wieder unter der Bank hervor. Er richtet sich auf. Dann fällt sein Blick auf die Pappteller. „Sagt doch gleich, dass ihr es schon habt!", murrt er. Ihr seht ihn fragend an. John H. wedelt mit den Tellern in der Hand. „Bleibt nur die Frage, was wir decodieren sollen." Da kannst du helfen. Denn plötzlich ergibt dieser wilde Mix aus Buchstaben und Zahlen auf dem Papier in der Hand einen Sinn.

TIPP 1
Schneide den kleinen Teller aus und lege ihn auf den großen.

TIPP 2
Der Buchstabe ꓘ muss zum Buchstaben D.

LRUxDBJ YDL PSRU
DSK LFNJF 132 DSK

WO GEHTS WEITER?

„John H., mach ein Foto von uns!" Shirley hat dich hinter den Aufsteller geschoben. Ihr guckt durch die beiden Löcher, die anstelle der Gesichter hineingesägt wurden. Von vorne sieht man zwei berühmte Forscher, die jetzt allerdings euer Gesicht haben. John H. zückt sein Telefon und knipst euch. Während Shadow über die beiden Holzgestalten krabbelt und nach einem geeigneten Platz für ein Nickerchen sucht, betrachtet ihr den Aufsteller. Wo soll hier bitte schön ein Rätsel sein? Du nimmst dem einen der beiden Forscher das Fernrohr weg, das er in der Hand hält. Es ist ein echtes Fernrohr. Du blickst hindurch, aber von einem Rätsel keine Spur. Shirley hat schließlich eine Idee. Sie klemmt es dem anderen Forscher in die Hand. Es passt genau. Und jetzt verstehst du auch, warum er die Hand vor sein Gesicht hält. Stellt man sich hinter den Aufsteller, kann man durch das Fernrohr sehen. Und nun ist alles klar.

TIPP 1

Jede Zahlenreihe folgt einer Logik.

TIPP 2

Kannst du die Gleichung lösen?

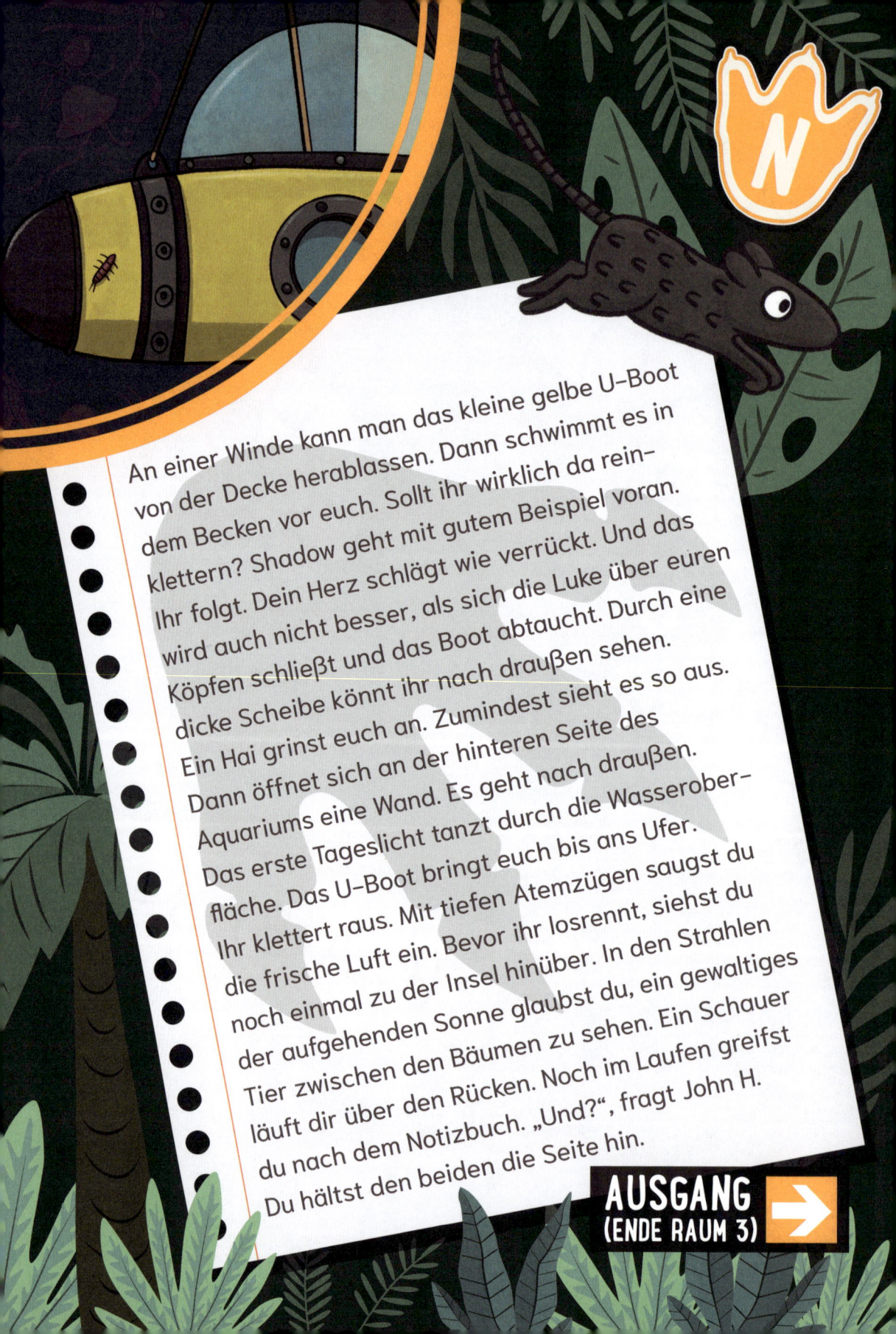

An einer Winde kann man das kleine gelbe U–Boot von der Decke herablassen. Dann schwimmt es in dem Becken vor euch. Sollt ihr wirklich da rein–klettern? Shadow geht mit gutem Beispiel voran. Ihr folgt. Dein Herz schlägt wie verrückt. Und das wird auch nicht besser, als sich die Luke über euren Köpfen schließt und das Boot abtaucht. Durch eine dicke Scheibe könnt ihr nach draußen sehen. Ein Hai grinst euch an. Zumindest sieht es so aus. Dann öffnet sich an der hinteren Seite des Aquariums eine Wand. Es geht nach draußen. Das erste Tageslicht tanzt durch die Wasserober–fläche. Das U–Boot bringt euch bis ans Ufer. Ihr klettert raus. Mit tiefen Atemzügen saugst du die frische Luft ein. Bevor ihr losrennt, siehst du noch einmal zu der Insel hinüber. In den Strahlen der aufgehenden Sonne glaubst du, ein gewaltiges Tier zwischen den Bäumen zu sehen. Ein Schauer läuft dir über den Rücken. Noch im Laufen greifst du nach dem Notizbuch. „Und?", fragt John H. Du hältst den beiden die Seite hin.

AUSGANG (ENDE RAUM 3) →

Habt ihr alle Rätsel gelöst? Dann tragt hier die Buchstaben, die ihr euch notiert habt, der Reihe nach ein.

___ ___ ___ ___   ___ ___ ___
31 30 29 28   27 26 25
                   E

___ ___ ___ ___ ___   ___ ___ ___
24 23 22 21 20   19 18 17
                               E

___ ___ ___   ___ ___ ___   ___   ___
16 15 14   13 12 11   10   9

    ___ ___   ___ ___ ___ ___ ___
     8   7   6   5   4   3   2   1
     E

Lösungen

R Knochen

STUMMEL	**SCHWANZ**	FLOSSE
GEHEIM	**WISSEN**	SCHAFT
ZAHN	**FLEISCH**	FRESSER
LAND	**TIER**	PARK
BERG	**SEE**	IGEL
KREIDE	**ZEIT**	ALTER
OBER	**KÖRPER**	TEIL
SCHLEIM	**HAUT**	FARBE
KIEFER	**KNOCHEN**	FUND
TIEF	**FLUG**	SAURIER

Die Wörter „Notiz" und „Buch" bleiben übrig.

Lösung: **Notizbuch**

E Notizbuch

Du musst die Farben im Text suchen.
Die Zahlen am Rand verraten dir, welchen
Buchstaben im jeweiligen Wort du für die
Lösungen brauchst.

Ro**s**a, S**c**hwarz, **h**ellblauen, or**a**ngefarbener,
bra**u**ne, **b**lauen, l**i**la, vio**l**ett, **d**unkelrot

Lösung: **Schaubild**

U Schaubild

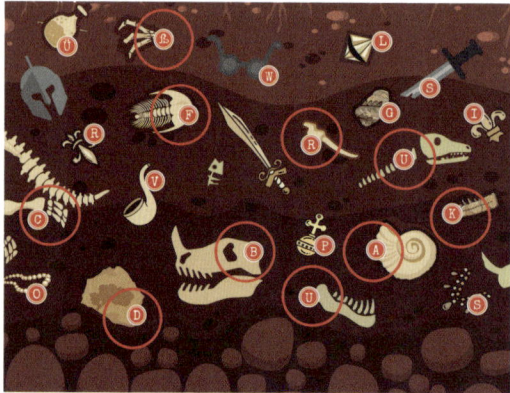

Lösung: **Fußabdruck**

E Fußabdruck

	1	2	3
	D	L	T
	O	M	A
	N	Z	S
	D	F	G
	H	U	K
	N	A	C
	O	X	R
	T	G	P
	W	E	Q

Lösung: **Landkarte**

T Landkarte

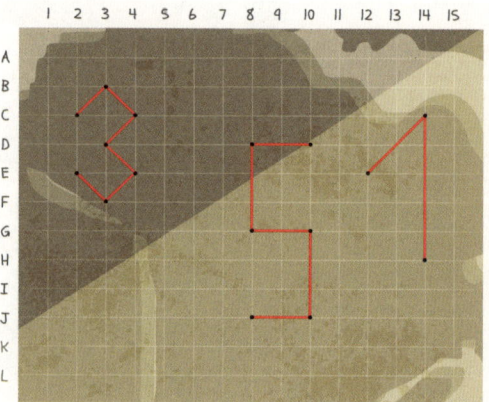

Die Zahlen **3**, **5** und **1** müssen auf der
Decodierscheibe eingegeben werden.

Lösung: **Fossilien**

N Fossilien

7 · 5 · 7 = 245

Die Zahlen **2**, **4** und **5** müssen in die Decodierscheibe eingegeben werden.

Lösung : **Zeitstrahl**

B Zeitstrahl

P F L A N Z E N

1–P	Allosaurus	160	Mio. Jahre
2–F	Stegosaurus	155	Mio. Jahre
3–L	Brachiosaurus	135	Mio. Jahre
4–A	Parasaurolophus	85	Mio. Jahre
5–N	Velociraptor	83	Mio. Jahre
6–Z	Triceratops	70	Mio. Jahre
7–E	Ankylosaurus	69	Mio. Jahre
8–N	Tyrannosaurus Rex	66	Mio. Jahre

Lösung : **Pflanzen**

A Pflanzen

15 + 15 + 15 = 45, 15 + 4 + 4 = 23
4 + 4 + 2 = 10, 15 – 2 – 4 = 9

```
A L T E R Z H J T K L M N V D
W E R S Q V U L K A N I H K L
M A D E F C F H K M W D F X E
T G S Q W O P K R J D F R U I
L A M B X S Z D C M T I E R
X N J R P O C K L W A S T G P
G Y P L A N J U S K B W Q Z U
```

Lösung: **Triceratops**

M Triceratops

Ava–ce–ra–tops
Bra–chio–sau–rus
Comp–sog–nat–hus
Dip–lo–do–cus
Epi–de–xip–te–ryx
Pa–ra–sau–ro–lop–hus
Pte–ra–no–don
Pte–ro–dac–ty–lus
Strut–hio–mi–mus
Ty–ran–no–sau–rus Rex
Ve–lo–ci–rap–tor

Die Silben Re–gen–schirm bleiben übrig.

Lösung: **Regenschirm**

D Regenschirm

Raum 2 – LABOR

R Nest mit Dinoeiern

◆	◉	□	✳	■	☠	❖	💧
C	O	M	P	U	T	E	R

Lösung: **Computer**

O Computer

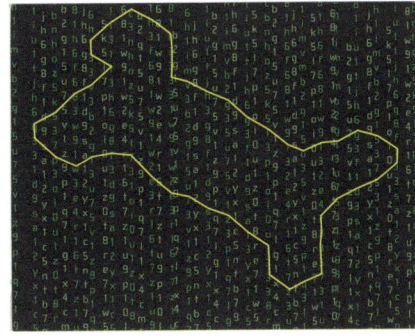

Lösung: **Knochen**

V Knochen

1.	2.	3.	4.	5.	6.	7.	8.	9.
N	O	T	I	Z	B	U	C	H

Lösung: **Notizbuch**

T Notizbuch

ZI	EH	TD	O	C	H	M	A	LD	E	NL	A	B	O	R	K	I	TT	EL	A	N
1	2	3	4	5	6	7	8	9	10	11	12	13	14	15	16	17	18	19	20	21

Zieht doch mal den Laborkittel an.

Lösung: **Laborkittel**

S Laborkittel

Die Zahlen **7**, **9** und **3** müssen auf der Decodierscheibe eingegeben werden.

Lösung: **Molekül-Modell**

I Molekül-Modell

$$\boxed{1} < \boxed{5} < \boxed{8}$$

Die Zahlen **1**, **5** und **8** müssen auf der Decodierscheibe eingegeben werden.

Lösung: **Diktiergerät**

R Diktiergerät

Die Zahlen geben an, welche Buchstaben du aus den Wörtern benötigst. Aus dem Wort Beil den ersten Buchstaben, aus dem Wort Eimer den zweiten ...:
Beil, E**i**mer, Fe**l**dbücher, Hem**d**en, Salz**s**treuer, Beste**c**ke, Teppic**h**e, Hühnere**i**er, Linzer To**r**ten, Radiergum**m**i

Lösung: **Bildschirm**

E Bildschirm

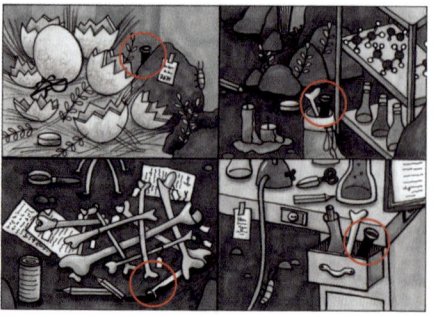

Lösung: **Reagenzglas**

U Reagenzglas

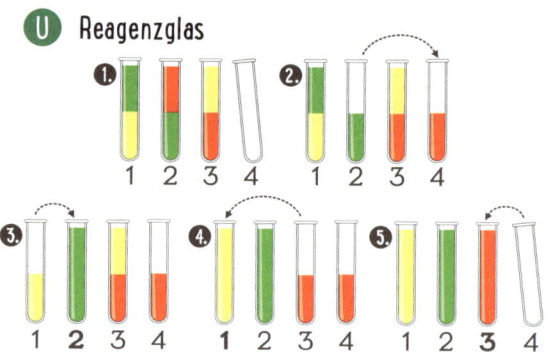

Die Zahlen **2**, **1** und **3** müssen auf der Decodierscheibe eingegeben werden.

Lösung: **Felsblock**

T Felsblock

Raum 3 – AQUARIUM

N Quallen

1.	2.	3.	4.	5.	6.	7.	8.	9.	10.	11.	12.
F	L	A	S	C	H	E	N	P	O	S	T

Lösung: **Flaschenpost**

E Flaschenpost

Lösung: **Fernrohr**

B Fernrohr

A) 66 57 48 39 30 21 12 **3** (Regel: –9)

B) 1 2 4 5 7 8 10 11 **13**
   (Regel: im Wechsel +1, +2)

C) 3 4 6 9 13 18 24 **31**
   (Regel: +1, +2, +3, +4, +5, +6, +7)

   (31 – 3 + 13) · 3 = 123

Die Zahlen **1**, **2** und **3** müssen auf der Decodierscheibe eingegeben werden.

Lösung: **Kartenspiel**

A Kartenspiel

Faltet man die Karten der Länge nach und legt sie aneinander, erhält man die Zahlen **1**, **0** und **7**. Diese braucht man für die Decodierscheibe.

Lösung: **Walkie-Talkie**

M Walkie-Talkie

Das ist eine Morsenachricht. „krz" steht für einen kurzen Signalton, „krrrzzz" für einen langen. Die Nachricht lautet: „Wer sitzt, denkt besser."

Lösung: **Bank**

E Bank

Schlagt das Buch auf Seite 132 auf.

Lösung: **Lexikon**

D Lexikon

Fischsaurier sind eigentlich weder Saurier noch Fisch. Schaut man genau hin, erkennt man, dass sie mit Echsen verwandt waren. Vor etwa 250 Millionen Jahren begaben sich diese Echsen ins Wasser und wurden zu Fischsauriern. Die Fischsaurier ähnelten Delfinen. Und sie hatten riesige Augen. Bis heute gibt es kein Lebewesen, das größere hatte. Wissenschaftler haben eine Antwort darauf, wofür sie die großen Augen brauchten: Sie konnten sehr gut damit sehen.
Das ist aber noch nicht alles, was wir über Fischsaurier wissen. Im Magen der versteinerten Saurier fanden Forscher die Lieblingsspeise der Tiere: Tintenfische.
Die Fischsaurier hatten keinen Panzer, sondern glatte Haut. Ihre Schwanzflosse sah aus wie die von Haien. Sie bewegten sie hin und her. So kamen sie schnell voran.

Legst du die Schablone richtig an, erhältst du den Satz: „Schaut genau hin, die Antwort ist im Panzer."

Lösung: **Schildkröte**

H Schildkröte

Lösung: **Fischsaurier**

C Fischsaurier

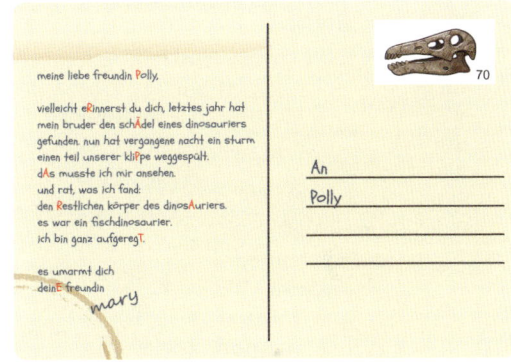

Lösung: **Präparate**

A Präparate

Lösung: **U-Boot**

N U-Boot

Bibliografische Information der Deutschen Nationalbibliothek

Die Deutsche Nationalbibliothek verzeichnet diese Publikation in der Deutschen Nationalbibliografie; detaillierte bibliografische Daten sind im Internet über http://dnb.dnb.de abrufbar.

Das Wort **Duden** ist für den Verlag Bibliographisches Institut GmbH als Marke geschützt.

© Duden 2022 D C B A

Bibliographisches Institut GmbH, Mecklenburgische Straße 53, 14197 Berlin

Redaktionelle Leitung Ina Koslowski
Redaktion Christina Braun
Autorinnen Janine Eck, Ulrike Rogler
Illustrationen Merle Goll (Shirley & John H. und Schild / Shadow / Icon), Karoline Jakubik (Räume), Sabine Mielke (Tropfsteinhölen–Rätsel: Molekül–Modell, Bildschirm / Aquarium–Rätsel: Dinolexikon – Lesezeichen) vom Atelier Unterseecafé
Herstellung Maike Häßler
Layout und Satz Atelier Unterseecafé – Merle Goll, Karoline Jakubik und Sabine Mielke
Umschlaggestaltung 2issue München
Umschlagillustration Atelier Unterseecafé – Merle Goll

Druck und Bindung Heenemann GmbH & Co. KG, Bessemerstraße 83–91, 12103 Berlin
Printed in Germany

ISBN 978–3–411–77066–3
www.duden.de

Ich hatte mich in allen Räumen versteckt ... Hast du mich gefunden?